感动
G—A—N
动
D—O—N—G

第1辑 4

一个国家的人物
YIGE GUOJIA DE RENWU

新华社电视节目中心 编著

黑龙江出版集团
黑龙江少年儿童出版社

U0570767

图书在版编目（CIP）数据

感动一个国家的人物. 第1辑. 4 / 新华社电视节目
中心编著. -- 哈尔滨：黑龙江少年儿童出版社，2011.5(2020.10重印)
ISBN 978-7-5319-2948-2

Ⅰ. ①感… Ⅱ. ①新… Ⅲ. ①人物－生平事迹－中国
－现代 Ⅳ. ①K820.7

中国版本图书馆CIP数据核字(2011)第088520号

感动一个国家的人物　第1辑 **4**

新华社电视节目中心　编著

总 策 划：赵 力　张立新
统筹策划：祝世安
责任编辑：张小宁　李春琦
特邀编辑：王念红
封面题字：李士学
封面设计：袁 洁
设计制作：袁 洁
责任印制：李 妍
责任发行：王小宇
营销推广：北京云居天地文化发展有限公司
网络出版支持单位：东北网络台（www.dbw.cn）
出版发行：黑龙江少年儿童出版社（哈尔滨市南岗区宣庆小区 8 号楼 150090）
印　　刷：北京一鑫印务有限责任公司
开　　本：787 mm×1092 mm 1/16
印　　张：9.25
版　　次：2011 年 5 月第 1 版　2020 年 10 月第 3 次印刷
书　　号：ISBN 978-7-5319-2948-2
定　　价：39.80 元

专家推荐

中华民族伟大的民族凝聚力和坚韧不拔的精神是在中国漫长的历史长河中不断地沉淀积聚而成的，所以她也必然会在将来的社会中不断发挥着自己的作用，成为一个民族不断发展和进步的动力。这一套《感动一个国家的人物》系列丛书对于青少年的教育意义，就在于能够使我们在新的一代人中传承这种不懈的精神。

中央文献研究室 研究员 陈晋

《感动一个国家的人物》系列丛书会让更多的人去关注日益远离我们的最可爱的人，他们有的是为了民族独立和人民解放英勇牺牲，值得历史永远铭记的革命先烈；有的是为了党和人民的事业不懈奋斗的基层优秀共产党员、战斗英雄和革命群众的杰出代表；有的是坚决拥护和支持革命事业，积极从事进步活动的著名爱国民主人士和国际友人等等。让我们永远铭记这些为了今天美好生活而无私付出，甚至奉献生命的感动中国的先进人物。

中央电视台 高级编辑 陈汉元

项目名称：《感动一个国家的人物》（2010年项目）
申报亮点：对青少年进行社会主义核心价值体系教育
承担单位：黑龙江少年儿童出版社有限公司
主要内容：项目展示新中国成立以来，在全国各行各业涌现出的英雄人物和先进人物的事迹。
专家评价：该项目思想性强，系统整理感动国家的人物，并根据青少年的思想、语言和个性特征进行创作，体现了较强的科学性和创新性，也具有鲜明的文化传承价值，作者队伍素质较高。

摘自中国新闻出版报《解读2012年度基金申报七大方向》
国家出版基金规划管理办公室

时代旋律　人民感动

贾志刚

　　这些年，我们的心灵、我们的情感，会因为中央电视台"感动中国"年度人物评选活动的开展而荡漾起阵阵感动的涟漪。这涟漪涌自心底，是美丽而温暖的，甚至可以说是难能可贵、鼓舞人心的。因为在中国国民经济迅猛发展的进程中，行色匆匆的我们仍能发现身边存在那么多令人感动的人和事，我们灵魂深处还柔软得能够因此而感动，并且，在宣泄着感动的同时，我们的心灵得到了净化和滋养，我们的精神境界得到了升华，我们的思想充满了力量。

　　我们需要这样的感动，需要更多这样的感动引领我们不断向前。多年以来，在全国广泛开展的"100位为新中国成立做出突出贡献的英雄模范人物和100位新中国成立以来感动中国人物"评选活动，以及"全国道德模范"评选活动、"中国网事"年度网络人物评选活动等，都与"感动中国"年度人物评选活动具有同样的精神内涵，让我们在持续不断的感动之中学习英雄模范的先进事迹，弘扬英雄模范的崇高精神，在全社会唱响共产党好、社会主义好、改革开放好、伟大祖国好、各族人民好的时代主旋律。

　　在这滚滚而来的感动热潮中，黑龙江出版集团·黑龙江少年儿童出版社隆重推出的《感动一个国家的人物》系列丛书宛如一束雪浪花，透着清澈，折射着太阳的光芒，呈献在广大读者面前。她是新华社电视节目中心根据"感动中国""双百人物""全国道德模范"等评选活动评选出的数百位具有代表性的英雄模范人物的事迹创作的大型纪实文学，其中的每一段文字都真实记录了英雄模范的感人故事，每一幅珍贵的图片都折射出英雄模范感动一个国家的灵魂之美。这是一幅颂扬英雄模范人物的文学艺术长卷，相信她一定会感动广大读者。

读《感动一个国家的人物》，面对真实感人的英雄模范人物群像，起初，我曾怀疑，李大钊、雷锋、钱学森、孔繁森、邰丽华……这些早已为读者熟知的革命先驱、人民公仆、行业精英、睿智学者、普通百姓的名字，以及他们爱国敬业、坚强勇敢、诚信奉献、孝悌善举等真实故事，还能掀起人们情感的波澜吗？然而，随着深入阅读，我发觉我的怀疑是多余的。作为一部描写英雄模范人物的纪实类作品，作者没有把人物塑造得"高不可攀"，而是围绕"感动"，将笔触直抵主人公的内心深处，挖掘那些能够引起读者共鸣的生活细节，以缩短英雄模范人物与读者的心灵距离。就拿党的好干部孔繁森来说吧，作品写到他赴藏前长跪在母亲的面前，为不能在老母亲膝前尽孝而失声痛哭的情景着实令我为之动容，而当读到孔繁森把藏族老人冻僵的双脚放到自己怀中温暖时，我更是忍不住潸然泪下。孔繁森的小家之爱无条件地服从了大家之爱，大爱无疆，这就是一个共产党员崇高的精神境界。高耀洁，一位年过古稀的老人，本该颐养天年，但她却怀着医者的仁爱之心，倾尽所有自费印刷预防艾滋病宣传资料数万份，而每月200元菜钱成了她和老伴最大的生活开支。整个作品中她没有半句豪言壮语，朴实得就像邻家慈祥的老奶奶。同时我通过故事中穿插的图片，进一步读懂了她的慈和善，读懂了她的执著和坚守。有一幅图片抓拍老人胸佩红丝带签名赠书的情景，看到老人真诚恳切的样子，叫我无法不对她肃然起敬！

读《感动一个国家的人物》，面对真实感人的英雄模范人物群像，感动之余，收获的感悟很多。书中汇集的"感动中国"的人和事，是对中华民族精神和传统美德最深切的召唤。对于我和许多成年人来说，仰视这些英雄模范的同时，会不由得低下头来拷问自己的良心，我们不得不承认，他们所做的许多令人感动的事情，其实有些我们也能够去做，但更多时候，我们已经习惯寻找种种理由为自己的不作为开脱。从阅读此书开始,我们应当认真地重新审视自我,想想应当如何重塑自己的形象。同时,我还想到,《感动一个国家的人物》系列丛书可作为非常生动的思想教育教材,这对于加强党员干部、解放军官兵、青少年社会主义核心价值体系的建设,树立正确的人生观、价值观会有很大的帮助。现阶段的思想教育要避免流于空洞的说教,而真实感人的故事,是最能打动人心的。希望广大读者,特别是青少年朋友都来踊跃阅读《感动一个国家的人物》这样的好书吧,通过阅读,让自己一下子拥有许许多多高尚的朋友,从而找到自己的人生坐标。我深信不疑,在社会与经济快速发展的今天,榜样的力量仍然是无穷的。

读《感动一个国家的人物》系列丛书,面对真实感人的英雄模范人物群像,伴随着感动与感悟,我的内心升腾起浓浓的感恩之情。应当感恩我们的国家培养造就了如此众多的英雄模范,不断引领亿万中华儿女见贤思齐,从而使我们伟大的共和国骄傲地屹立于世界强国之林。感谢新闻出版总署将《感动一个国家的人物》列入国家出版基金项目,它传递出这样的理念,对于为新中国的成立和繁荣富强、和谐美好作出突出贡献的英雄模范人物,人民永远不会忘记他们,共和国永远不会忘记他们,他们是我们民族的精神脊梁。

是为序。

2011 年春

(贾宏图 黑龙江省新闻工作者协会主席,黑龙江省作家协会名誉主席,黑龙江省政府文史研究馆馆员。)

GANDONG
YIGE GUOJIA DE RENWU

目 录

平时忘我，战时忘死。

——丁晓兵

我用左手敬礼
——丁晓兵

扛着国旗的仪仗队迈着正步走过来，庄严的脚步声预示着升旗仪式就要开始了。

每当国旗升起，军人们都要举起右手向国旗致敬。在这个队列中，只有丁晓兵用的是左手。左边，是离心脏最近的地方。

求求你们啊，把我的手找回来

像所有的男孩一样，丁晓兵从小就想当英雄，他练过武术，最喜欢练鹰爪功。1983年，他报名参军，作为侦察兵随同部队赴南疆参加战斗。他多次完成抓捕俘虏的任务，号称第一捕俘手。直到那一天……

丁晓兵回想起那一天来还是不寒而栗："那次行动应该说还是比较成功的，但是在回来的路上，我们遭到了敌方疯狂的火力报复，结果有一枚手雷一下子就砸在我身上，我赶忙抓起往外扔，可是晚了。"

那枚手雷在他手中炸响了，再次睁开眼时，丁晓兵永远失去了他的右手，那一年他18岁。

丁晓兵回忆说："我当时歇斯底里，拼命呐喊。我对医生说：'求求你们啊，把我的手找回来！你们把我的手弄哪儿去了呀？'"

今天，我不佩服你

丁晓兵成了英雄，他获得了共青团中央为他特设的第101枚"全国优秀边陲儿女"金质奖章，鲜花和掌声包围着这个年轻人，几乎每天他都会收到很多充满崇拜和赞美之词的信件。可是有一天，他读到了一封不一样的信。

这封信上写道：你今天成为英雄，我并不从心里佩服你，如果10年或者20年后，还有事迹在你的身上出现，那个时候你这个英雄的称号才是名副其实的。

看完这封信，丁晓兵暗暗下了决心：20年后论英雄！

谁能帮你一辈子？

没过多久，丁晓兵被送往军校学习。战场上的英雄第一次考试就败下阵来，因为左手写字太慢了。

丁晓兵说："我对监考老师说，能不能给我延时20分钟。结果老师看着我很坚定地摇了摇头说，不行！政治学院没有这个先例！。我当时都恨死他了，心想他怎么一点人情味都没有。后来老师找到我，对我说，'丁晓兵，如果你连这关都过不了，什么事都指望着别人照顾你，在军队的这条路上你是走不远的。'"

丁晓兵苦苦地练习，用坏了9支钢笔之后，他已经能用左手又快又好地做笔记了。两年后，丁晓兵以优异的成绩从军校毕业。毕业后他没有接受上级安排的工作，而是去基层连队当了指导员。

丁晓兵回忆起刚去连队时的情景："一次紧急集合，我是最后一个跑出去的，一只手还抱着背包，结果全连集合完毕，整个连队的人全看着我一个人，一声不吭。"

连背包都打不好还怎么带兵？这之后，丁晓兵把自己关在屋子里整整练了一个星期打背包。

通信员张卿说："他手脚并用，甚至有时候他还要用嘴和牙去咬背包带，勒得嘴唇都出血了。当时看

■ 丁晓兵用左手完成别人在双手配合下才能完成的军事训练动作。

着那个场面,我心里确实很难受,我就和他说:'不要为难自己,打背包是小事,我给你做就行了。'他当时一听就跟我急了。"

丁晓兵说:"你能帮我一次两次,你还能帮我一辈子啊?"结果一个礼拜后,丁晓兵的背包打得非常好,速度也很快。那根带血的背包带对于丁晓兵而言,只是一个开始。

甩掉的不仅仅是假肢

很多人不知道丁晓兵一只手怎么能系鞋带,每当有人问起来,他总是停下来演示给别人看,只见他一只脚踩着鞋带,一只手灵活地穿梭着,很快就系好了鞋带。同时,边系鞋带他还会边调侃说:"你们不知道我是怎么系鞋带的吧? 今天就让你们看看!"

是的,今天的丁晓兵不再介意向别人展示自己身体上的差异,当年的他却不是这样。

丁晓兵说:"当时我不好意思当着战士们的面去练,因为一只手,经常会出洋相,会很尴尬,所以没有办法,有时候就晚上弄,结果在爬两米高的墙时把肋骨给撞坏了。"

很少有人知道丁晓兵在训练场上经历过什么,可渐渐地,战士们却知道了这个独臂的指导员的厉害。

丁晓兵说:"有一个战士,当时枪打得不好,他认为枪有问题,我说:'你瞎扯,什么枪有问题,今天中午班长们刚刚校的枪,怎么会有问题呢!'他一听我这么说就来劲了,说:'来来来,指导员,你别站着说话不腰疼,来来来,不信你试试。'"

丁晓兵一只手端起了枪,稳稳地指向靶心,枪响了。

丁晓兵说:"我打了两组,两组全部优秀。"

打向靶心的那一枪,也打掉了丁晓兵所有的自卑和不自信。

丁晓兵说："在连队当指导员四年以后，我把假肢脱掉了，我穿着短袖和战士们一起打球，那个时候我感觉到，我甩掉的不是假肢，而是精神上的包袱。"

■ 丁晓兵（前中）与战友们在一起。

从连队指导员到团政委、师政委，丁晓兵在部队里干了20多年，人们都说他带的是一支铁军。

2003年7月，淮河流域发生百年不遇的大洪水，一段大堤出现了特大管涌，数万人被困，古城寿县告急。在抢险救灾的武警官兵中，人们看到了始终用左肩扛沙袋的丁晓兵。每个沙袋是75千克，战士算了算，丁晓兵一天扛了200个，总重量不下15吨。

战友白磊回忆起当年的情景时说："当时政委带着我们喊号子，喊得嗓子都哑了，我们也跟着他唱军歌，就感觉有股劲儿在顶着我们干。大堤也就那么宽，整个部队在上面跑来跑去，我一抬头就能看到他，当时他把假肢摘掉了，那空袖管在风雨里荡来荡去。我那时就想什么是共产党员，这就是共产党员！"

丁晓兵的身体里残留着20多块弹片，多次手术都没能取出来。从大堤上回去的那个晚上，一块弹片居然自己跑了出来。

丁晓兵说："当时假肢把伤口磨破，皮层底下有弹片，结果就露出来了，刮在假肢里边咯吱咯吱响，当时怕人看到难过，我自己找了一个地方，拿碘酒擦了擦,用针给挑出来了。"

英雄泪

■ 独臂英雄丁晓兵(前)用左手向国旗敬礼。

寿县保住了,丁晓兵又一次被赞为英雄。可他却躲开了人们的视线,回了一趟当年的战场,去看望那些长眠的战友。

丁晓兵笑着说:"反正我一到那里就会掉眼泪,我的爱人第一次看到我放声大哭就是在烈士陵园,过了一个月以后她才告诉我:'丁晓兵,我从来没见过你这个样子,没想到你哭起来会那么难看……'"

20年的坚忍,20年的重压,在那一瞬间全都迸发出来了。什么是英雄?你是英雄吗?这个被人问了千百遍的问题,丁晓兵觉得已经没有必要回答了。他只记得这样一件事情:有一次,当他把假肢揣在裤兜里时,遇到了两位纠察。

丁晓兵说:"纠察让我把手拿出来,我说我拿不出来了。那两个兵很严肃地说,'首长请你放严肃一点儿,把手拿出来!'我说小伙子你摸摸。他一摸,一下反应过来了,赶快退了两步,给我敬了一个礼……"

这是人们对英雄的敬意,丁晓兵举起左手还礼。

人们崇敬英雄,可谁真的知道什么是英雄?英雄不只是石碑上的名字,更是比石头还要顽强的坚守。

打仗总是要死人的。中国人民志愿军已经献出了那么多指战员的生命，他们的牺牲是光荣的。岸英是一个普通战士，不要因为他是我的儿子，就当成一件大事。

——毛泽东

青山处处埋忠骨
——毛岸英

桧仓郡位于朝鲜平安南道，距平壤100多千米，抗美援朝期间中国人民志愿军曾将司令部设立于此。在距志愿军司令部1000米处，有一个占地约9万平方米的志愿军烈士陵园。拾级而上，迎面是一座志愿军英雄铜像。铜像

的后面,在青松掩映下的是志愿军烈士墓。

迟来的探望

这块墓碑曾经在很长的一段时间里默守着一份平凡。直到1958年周恩来总理来到这个墓地祭奠的时候,人们才知道,这里安葬的是毛岸英烈士——中华人民共和国最高领袖的长子。

第二年,墓的主人等来了他新婚一年就永别的妻子——刘思齐。这是刘思齐再三向毛泽东争取来的一次探望,她说:"如果不亲自来验证一下,我怎么知道我的丈夫真的不在了呢?"

■ 毛岸英和刘思齐。

刘思齐回忆说:"我是1959年年初去的,去的时候很难过,那时候就觉得他真的就躺在这个地方。"

甜蜜简朴的爱情生活

60年的时光飞逝而去,在刘思齐的心里,毛岸英依然还是当年的那个样子,他们彼此相爱的感情永远不会改变。

1949年10月15日,毛岸英与刘思齐结为夫妇。他们的新房设在一间土平房里,一张桌子、一张床和一条棉军被是他们的全部家当。

刘思齐回忆道:"结婚以后的每个周末,我从学校回去,他从机关回去,就在主席那里,大家一起吃顿晚饭,聊一聊。然后我就和他一起,回到我们自己的小家里去。"

建国以后看到电影《三毛流浪记》，毛岸英对刘思齐说："那时我和岸青在上海的流浪生活，就和影片里的三毛一样，靠卖报纸、拾破烂儿、捡烟头、帮人推人力车来维持生活。"

刘思齐说："他说《三毛流浪记》里的三毛过的生活，他和他弟弟都经历过，只有两点没有做过，一个是给资本家当干儿子，另一个就是偷东西。他非常想有一本字典，每天早晨不吃早饭省下点钱，攒了很长时间买了一本字典，这本字典他一直保留着。"

伟人的父子深情

1946年1月，23岁的毛岸英回到了阔别18年之久的父亲毛泽东身边。毛岸英带着斯大林接见他时送给他的一支手枪。这支手枪是他参加苏联卫国战争的最高奖赏。儿子的英俊与勇敢让当时正在生病的毛泽东的心情和身体一下子好了许多。

■ 杨开慧与幼儿时的毛岸英（右一）、毛岸青合影。

毛泽东身边的工作人员王鹤滨回忆说："1946年我在延安看到毛岸英，当时他穿着西装戴着礼帽，这在延安是非常特殊的。毛岸英说话当中常带出'之乎者也'那样的虚词，他一说出虚词来，同志们就哈哈大笑，后来他就说，'难道我的话说错乎？'这一说，人们笑的声音更大了。"

毛泽东对这个懂外语、爱穿马靴、喜欢

■ 毛岸英（左）和弟弟毛岸青。

跳交谊舞,举手投足都带着几分洋气的儿子格外喜欢。毛泽东对他说:"你吃了10年洋面包,参加了苏联卫国战争,也上了高等军事学院,还有一课要补上,你应当去上中国的劳动大学。"两天后,毛岸英便遵循父亲的要求,与延安的许多年轻人一起,吃大灶,参加农业劳动。1949年新中国成立,当父亲毛泽东登上天安门,成为万众敬仰的新中国领袖时,毛岸英却悄悄走进了北京人民机器厂,当上了一名普通工人。

对家庭来说,毛泽东是一位承担了太多别离的父亲。10个子女中,长子岸英一直是他最深的惦念,每当他们在一起共叙天伦的时候,这样的画面总会感动在场的每一个人,然而,这样的快乐竟然是那么短暂。

一个"永远的离别"谎言

1950年6月25日,朝鲜战争爆发。10月,中共中央做出抗美援朝的决定。毛岸英主动请缨,请求去朝鲜前线。得到父亲支持后的毛岸英却并没有把这个决定告诉卧病在床的刘思齐,他只告诉妻子,自己要出差。

刘思齐说:"我自己感觉,这样的事情他不会瞒着我,因为他走的时候跟我讲,收不到信不要着急,可能通信有些困难。"

毛岸英

■ 毛主席给毛岸英、毛岸青的信第一、二页。

还嘱咐妻子刘思齐，要经常回去看望父亲毛泽东和弟弟岸青。这就是这对年轻夫妇最后的告别。

1950年10月19日，穿上戎装的毛岸英告别父

我国驻朝使馆大使武东和（左二）、武官严江枫（左一）等在毛岸英烈士墓前悼念烈士英灵。

亲，跟随入朝大军跨过鸭绿江，成为第一批入朝的志愿军战士。

毛岸英入朝后在志愿军司令部工作。1950年11月25日上午，美军飞机突然飞临志愿军司令部上空，投下了凝固汽油弹。正在作战室工作的毛岸英壮烈牺牲，年仅28岁。

毛岸英的牺牲让周围的人都深感悲痛。这位年轻的翻译来到朝鲜仅仅34天。他的新婚妻子刘思齐甚至还不知道丈夫已经上了朝鲜战场。

第二天，彻夜未眠的彭德怀向北京发回急电。首先得知这个消息的是周恩来总理，他经过反复思量后才做出批示：因主席这两天身体不好，暂时不要告诉他。毛泽东的保健医生王鹤滨沉痛地回忆道："大家决定先不要告诉主席，但后来实在瞒不住了。主席听到这个消息，当时就惊呆了。"

毛泽东得知毛岸英牺牲的消息后，强忍丧子之痛，缓缓地说："打仗总是要死人的。中国人民志愿军已经献出了那么多指战员的生命，他们的牺牲是光荣的。岸英是一个普通战士，不要因为他是我的儿子，就当成一件大事。"这是毛泽东一家为中国人民的革命事业牺牲的第六位亲人。

■ 电影《开国大典》剧照：毛泽东和儿子毛岸英在一起。

■ 纪念毛岸英同志牺牲55周年座谈会在京举行。

刘思齐知道这个消息是在整整两年以后，那时的她还一直以为自己的丈夫只是出了一个时间很长的公差。

刘思齐说："我根本不知道他到朝鲜去了。1953年的夏天，主席才告诉我岸英已经牺牲了，当时我脑子里一片空白。我不知道自己哭了多久，主席一直不说话，最后还是周总理在旁边跟我说，'不要哭了，你爸爸的手已经冰凉了。'"

按照毛泽东的决定，毛岸英最终与其他134名烈士一起，被安葬在了朝鲜平安南道的桧仓郡，陵园背靠青山，面朝祖国。2009年，温家宝总理来到这里看望这位共和国领袖的儿子。温总理说："岸英同志，半个多世纪了，我代表中国人民来看望你，中国现在强大了，人民幸福了，你安息吧。"

为人民利益而死，就比泰山还重。

我是导游，别管我，先救游客。

——文花枝

笑如花开

——文花枝

　　2005年8月28日下午，陕西省洛川县境内的201国道上，一辆旅游中巴与一辆违规超车的大货车迎头相撞。泥泞的公路两旁，到处都是汽车碎片以及绝望的呻吟声……

陕西省洛川县境内的严重车祸

接到群众报案8分钟后,洛川县交警大队队长王刘安冒雨赶到现场。这次车祸比他以往处理的任何一次都要严重。

提起那次悲惨的记忆,王刘安记忆犹新:"大货车的车头和中巴车的车头插在一起,插进有一米多,伤员全部都被卡在座位里面。"

死亡的阴影笼罩在车厢里,哭喊声、呻吟声此起彼伏。幸存的游客回忆道:"就在那时,从车的前方传来一个清晰的声音,叫大家一定要坚持,等待救援。"

王刘安立即开始组织救援,当他们准备先把一个坐在前排伤势比较重的女孩救出来的时候,却意外地遭到了拒绝。

那位女孩对王刘安说:"我是导游,别管我,先救游客。"

就是这句"我是导游,先救游客",让后排的游客从声音中辨别出那位一直给他们加油的女孩子,就是旅游团的年轻导游。车祸发生后,她的双腿被牢牢卡在了坐椅里,左腿已经露出白骨,剧痛使她几次昏迷。而她脸上的表情,震惊了正在拍摄事故现场的交警吉军峰。

吉军峰说:"镜头转过来对着她的时候,她笑了,当时我震惊了。"

当最后一个人被从车上抬下来的时候,她用尽力气说了

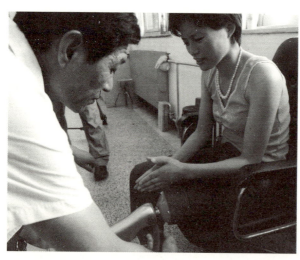

■ 医生在为文花枝安装假肢。

一句让王刘安永生难忘的话。

王刘安说:"最后她还问我,她是不是最后一个了,这个声音很微弱,我说你们车上,你是最后一个了。"

身受重伤的年轻女导游被最后一个送进医院

当天下午4时多,这位已经奄奄一息的导游最后一个被送进医院。医生检查后发现,她是受伤最重的一个。

洛川县人民医院副院长杨志宜说,当时这位被紧急送来的女孩,双下肢开放性多处骨折,还有肋骨骨折,导致出血,最后造成失血性休克。

这位女孩被连夜转送到西安市最好的西京医院抢救,她的家人和旅行社经理随即赶到。

妹妹文俏至今还记得当时见到姐姐时的样子:"她的脸是苍白的,身上插了很多输液管,浑身上下到处都是血。"

旅行社总经理文雷也在第一时间见到了这位不幸的女孩。她醒过来之后,非常平静地问文雷:"客人怎么样了?"文雷的眼泪"哗"地一下就流下来了。

走出韶山的打工妹

这位导游名叫文花枝。文花枝唯一的梦想是上大学,可是因为经济条件窘迫,作为家中的老大,文花枝不得不放弃大学梦。中专毕业以后,文花枝就到浙江打工,每个月只为自己留下18元钱生活费。

对于那段艰苦的日子,妹妹文俏至今仍然记忆犹新:"大部分的时候我的学费、生活费会由姐姐寄给我,那段时间我一直依赖她。"

2003年,文花枝回到家乡,成为一名导游。在旅行社工作的两年里,她

■ 文花枝是个爱美爱笑的女孩。

■ 文花枝的家乡湖南湘潭。

为家里还清了三万多元的债务。妹妹文俏也从大学毕业，她觉得该弥补一下姐姐多年的付出了。

文俏说："姐一直想去读书。我记得2005年7月份我们把账还清以后，8月份我们就一直在商量，说旅游旺季的时候我就可以带团工作，她就可以去读书，因为9月1日马上就到了。"

谁曾想，还在憧憬着大学生活的文花枝，转瞬间，竟命悬一线。经过抢救，文花枝闯过了死亡关口。但长时间被困车中，浑浊的雨水使她的伤口严重感染。因为耽误了最佳救治时间，她的左腿只能截肢。

灾难面前，文花枝为什么能如此坚强呢？

文花枝出生在韶山市大坪乡一个贫穷的小山村，父母都是农民。文花枝母亲说，他们家里喂了好多猪，种了10亩田，不这样，孩子们是没有办法读书的。

虽然家境贫寒，但是父母淳朴的教育却给了文花枝无穷的精神财富。

文花枝母亲经常告诉儿女，为人要厚道，不要去坑害人家。

妈妈的教育，让花枝受用终身："我妈最常说的就是将心比心。因为你做什么事情,要先来一个换位思考,想想如果是别人那么做你会怎么想。"

懂事的花枝总是尽力分担大人的家务。做完家务,她就会消失在大人的视野里。

文花枝经常回忆起那段美好的日子:"因为我伯伯是中学教师,他们家有很多书,我就去他们家看书,在里面关一天大人们也不知道。"

可是,成绩优秀、爱读书的文花枝并没有实现继续读书的愿望。

文花枝的母亲说:"当时她是我们村唯一考上高中的,根据我们家的经济状况,就让她去读中专,没有读高中,想让她早点出去打工挣钱。后来她挣点钱就寄回来,给弟弟妹妹读书。"

梦圆湘潭大学

经过详细检查,医生们遗憾地为文花枝做了截肢手术。

妹妹文俏说:"截肢之后医生给我们解释说,从医学上来说她会有幻觉、幻肢症状,感觉她的腿仍然在那儿,她的神经末梢的这些感觉都还在,她有时候还会感觉她的脚在疼。"

谁都不敢告诉花枝已经截肢的事实。对22岁的少女来说,失去左腿,那是一种怎样的悲伤呢?13天过去了,家人几经商量,决定把真相告诉花枝。

文俏和文雷至今都清晰地记

■ 文花枝生活照。

17

■ 2008年6月5日，火炬手文花枝在湖南韶山传递奥运火炬。

得花枝知道真相之后，那让人心碎的举动。

文俏说："她不相信，她说她明明有感觉，她感觉她的脚在疼。"

文雷说："整个病房像死一般沉寂，我看到她的眼泪一下子就涌了出来。"

花枝说："看我哭大家也都跟着哭，场面就控制不住了。"

文雷说："她飞快地用另外一只手从枕头边扯了很多的面巾纸。"

文俏说："她蒙着眼睛，一会儿就好了。"

文雷说："她把脸上的面巾纸移开，又恢复了平静，劝我们，劝旁边的家人，说没事，让我们放心。"

花枝的脸上，又露出了她天使般的微笑。

现在，妹妹文俏在花枝工作过的旅行社继续着姐姐的导游工作。花枝则走进湘潭大学，圆了自己的大学梦。

天使在人间，让世界充满爱。

在荣誉上不伸手，在待遇上不伸手，在物质上不伸手。

——王杰

我是一个兵
——王杰

　　江苏省邳州市，王杰牺牲的地方，至今仍有许多以王杰命名的学校、医院，这里的人们，还清晰地记得那个名叫王杰的战士。

上千群众为他送行

■ 2005年7月3日，王杰生前所在连——南京军区某部工兵营地爆连官兵参观王杰烈士事迹陈列室。

1965年7月14日清晨，战士王杰带领经过模拟训练的民兵在邳州张楼村外的公路上准备进行一次地雷爆破实战训练，因为是第一次搞实爆演习，好奇的人都想往前去看个究竟，看看地雷的威力到底有多大。

"什么都准备好了，就开始把地雷放到雷坑里，然后用小锹往里埋土。可是刚埋了两三锹土，地雷突然发生意外爆炸。我也不知道过了多长时间，就听到罗汉瑞同志喊——哎呀！不好了！王教员被炸死了！"死里逃生的李彦清回忆着当时的情况。

被炸身亡的战士叫王杰，年仅23岁，是徐州坦克二师工兵营地爆连五班的班长。

此次事件造成1死12伤的惨痛后果。7月15日，王杰的追悼会在邳州张楼公社举行，当地上千群众为他送行。

王杰牺牲了，但当时有人认为那是一次意外事故，由于王杰操作不当造成的一个事故。

但是李彦清却有着截然不同的看法："我们在场的同志一致认为不是事故，不是王杰的责任，那是意外爆炸。"

王杰的战友朱大臣说："我们都同情王杰。确实也有些老头老奶奶直掉眼泪，尤其是王杰那些战友，有的哭得拽不起来，不能走路。然而，之所以得出操作不当造成事故的结论，是根据王杰所使用的炸药成分决定的。如果是土制炸药，性能不稳定，则很容易自己发生反应而爆炸。但是军用炸药，就是TNT炸药，因为性能稳定，是不可能存在这样的问题的。操作不当，似乎成为造成这次事件的唯一理由。"

"战士" 王杰

1961年8月，王杰正式成为一名工兵战士以来，他一直都是大家最亲密的战友。因为表现突出，加上又是技术标兵，入伍不久，王杰就当上了班长，此后，又连续三年被评为五好战士，两次荣立三等功，被授予模范共青团员

■ 当年王杰宣传画。

和一级技术能手称号。"哪里有困难，哪里最危险，哪里就有王杰。"这是战友们对王杰的评语。

每当想起和王杰在一起的日子，战友们都会陷入深深的思念中。1965年秋的一天，战友陈学义在整理王杰的遗物时，发现了他的日记。当晚，陈学义独自一人翻看了王杰的日记。日记本上贴着黄继光的画像，其中写着这样一段话："一个人活在世界上，活要活得有意

21

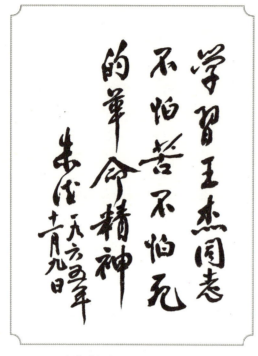

学习王杰同志
不怕苦不怕死
的革命精神

朱德 一九六四年
六月九日

■ 朱德的题词。

义,死要死得有价值……为了祖国,为了人民,就死得其所,死得光荣。"这些记录了王杰心得、训练生活的近10万字的日记,深深打动了陈学义,一个大胆的想法产生了,"咱们就在全师范围内,掀起学王杰的活动,咱不管领导同意不同意,咱就为死去的人争争脸。"从此,徐州坦克二师板报上开始陆续出现一名普通战士的日记,它的作者就是王杰。他日常生活中的好人好事和训练日记也被战友们自发地整理和刊印出来。

在一辆开往济南的列车上,坦克二师的一位干部和济南军区的崔部长不期而遇,他向崔部长介绍了王杰的日记和战士们自发宣传的事。敏感的崔部长明确指示,马上把王杰的日记和其他材料迅速上报到济南军区。不到一个星期,这份材料便被摆放在了济南军区司令员的办公桌上。

部长的指示更加坚定了陈学义的信心。"上北京开会时就带着这些材料,直接交给了罗瑞卿,罗瑞卿当时是总参谋长。"陈守义回忆道。

参谋部的电话

1965年秋天的一个夜晚,坦克二师接到了来自解放军总参谋部的电话,命令火速配合总参的工兵专家连夜赶往邳州,重新鉴定王杰爆炸事件。

调查组专门来到当时王杰领取炸药包的仓库，并将库里炸药包、导火索、拉火管，逐一进行检测，历时将近两个星期。最终的鉴定报告是：王杰使用的拉火管是过

■ 宣传王杰同志的绘画作品。作品表现了王杰在参加某地的抗洪抢险中，勇敢地担当了为部队探路的任务。

了期限的，拉火装置已经失控。当王杰把拉火管接上连接炸药包的导火索时，拉火管突然引爆，导致意外爆炸。

对于这个结果，李彦清格外信服："他的技术非常过硬，要是躲的话他完全能躲得开。他本身是跪姿，一个腿跪着，一个腿蹲着，这是最有利的一个姿势，他只要左腿一蹬，身体一下就仰过去。"

被救的吴步良一直记着王杰的救命之恩，"要不是王杰向上扑的话，我们12个人起码得有八九个人死亡。"

当时跑到炸点前的陈学义两眼都直了，只看见地上炸出的一个大窟窿，却没有王杰的影了，顺着炸点往东南走大约十米左右，就看见在一棵杨树底下躺着的王杰，胸部有一个洞，双手、双腿都炸烂了。

"一不怕苦，二不怕死"

1965年9月16日，王杰所在部队重新为王杰举行了一次隆重的追悼大会。根据他生前愿望，所在部队党委追认他为中国共产党党员。解放军总政治部发出通知，要求广泛开展学习王杰活动。毛泽东等老一辈无产阶级革

■ 第一批《王杰日记》在首都出版发行，读者在王府井新华书店踊跃购买《王杰日记》。

命家号召全国军民学习和发扬王杰"一不怕苦，二不怕死"的"两不怕"精神。国防部命名王杰生前所在班为"王杰班"。

王杰日记也被整理出版发行。其中最后一篇日记的日期是1965年6月28日，王杰到邳州训练民兵的前一天。这一天，部队组织观看了电影《革命自有后来人》。王杰在日记中写下这样一段观后感：只要革命需要，我一定像李玉和那样，视死如归，不怕牺牲，直到战斗的最后一秒钟。

■ 王杰荣获的部分奖状和喜报。

记者,应该永远在路上。

——甘远志

我是记者
——甘远志

　　2004年9月,海南省东方市的大广坝上,水波荡漾,莺飞草长。残阳血红地压在远处的山坡上,勾画出一条绒绒柔柔的山脊线。突然,一辆救护车疾驶而过,一声声尖锐扭曲的鸣叫划破了这片山水苍穹。

风暴中的成长

　　甘远志倒下前的最后一篇手记，记录着这天上午他在东方市大广坝的采访情况，也是他采写的第1051篇稿子。他倒下的这一天，是他在海南日报社工作的第1059天。

　　甘远志，作为一个记者，从他的稿件数量，就可以看出他的生命历程。

　　2001年8月，强热带风暴袭击了海南省西部的东方市。东方市常年干旱，平时连雨都很难见到，这场突如其来的风暴让所有人都措手不及。当时，只有他自己作为记者来到现场。几乎每一次突发事件，甘远志都会冲到第一线采访，因为他非常珍惜记者这份职业。

　　与采访中的睿智、机敏不同，生活中的甘远志是个不善言辞的人。

　　由于面试时过于紧张，他曾经两次都没通过海南日报社的入社资格考试。时任海南日报副总编辑的廉振孝回忆道："很多人都了解甘远志，知道甘远志写过很多著名的报道。他当时在《新世纪》杂志的时候，我们也经常看他的报道。包括海南新闻界的各种活动，他也经常参加。"最终，鉴于甘远志在业界的口碑，海南日报社决定破格录取他。廉振孝说："海南日报社是逢进必考的。甘远志想，大家会不会说他是走后门儿进来的？他说，他一定要用他的工作态度、工作业绩证明自己。"

　　于是甘远志主动提出要去条

■ 甘远志（左）在粤海铁路的火车上进行随车报道。

件艰苦的东方市做驻站记者。廉振孝说："他去了以后,脚未落稳,就遇上了这次大台风。他生活还没着落呢,马上就投入到抗洪抢险的报道中去了,不仅要把那边的灾情及时地发回报社,同时还积极地参与营救老百姓的工作。"

九天后,洪水退了,百姓安全了,报纸出版了,甘远志这个名字也走进了广大读者的心中。

记者就是这样,在大灾大难面前,永远冲在第一线,第一时间发回报道,而观众看不到的是记者们默默奉献的青春和汗水。

路见不平一声吼

2001年10月22日,是甘远志进入海南日报社的第37天。他在广坝乡采访的时候,偶然听到了当地民众抱怨当地的财政所长在其位不谋其政。时任海南省东方市电视台台长的符巍说："那个乡财政所所长经常不来上班,打电话叫他他也不来,一个月就来一天,就发工资的时候来,如果不是发工资一天都不来。"

"财神爷"的缺席导致广坝乡的财政工作陷于瘫痪。由于这个财政所长是从上级调来的"官老爷",所以大家敢怒不敢言。甘远志是个爱憎分明的人,早在四川南充日报社工作期间,他就做过大量的批评报道。这个出生在四川广安一个普通家庭里的孩子,骨子里有着一股韧劲儿。甘远志的父亲甘元杰说起他的儿子,觉得无上光荣："应该这样说他吧,调皮,也乖巧,他有他的个性。"

1994年,甘远志结束了八年南充日报的记者生涯,来到海南省中国(海南)改革发展研究院,开始了理论研究工作。

符巍说："工作之余,他经常跟我们一起去唱歌,我记得甘远志最喜欢唱的一首歌是《向往神鹰》。甘远志一直希望自己能像歌中的雄鹰那样,有一双锐利的眼睛,能够看到别人看不到的角落。了解乡财政所的情况后,他

■ 儿时的甘远志。

主动向有关部门反映。最终,这位不务正业的财政所长被罢了官。"

10月25日,这篇名为《东方查处"官老爷"》的稿件引发了东方市对全市干部进行的一次大整顿。

记者就是这样,不仅要报道正在发生的事情,还要维护人民群众的立场。即便是单枪匹马,也要凭借自己的力量惩恶扬善。

写出让百姓看得懂的稿子

东方化工城一直是甘远志报道的重点,他用自己的笔告诉读者这里日新月异的变化。2002年10月9日,这是甘远志来到海南日报社的第478天。东方化工城要安装一部合成塔,为了运输这个巨型设备,工厂里调来了一部很长的运输车。那天,甘远志和符巍一起去采访,到了化工城,突然,符巍找不到甘远志了。原来他蹲在旁边数车轮子,数完这一边又跑去数那一边。符巍说:"你这是干啥呢?"他说:"我数数车轮子,数清楚了,总共106个。你想想,光车轮就106个,你说这个东西有多大?你怎么描述,老百姓才能知道这个东西到底有多大?你一说它的车轮子就有106个,大家就清楚了。"

记者就是这样,不仅要有敏锐的眼光、勤于思考的大脑,还要善于将纷乱复杂的事物深入浅出地告诉大家。

记者永远在路上

"你看见我的时候,我在报纸上;你看不见我的时候,我在路上。"这是甘远志跟家人说得最多的一句话。对他来说,记者这个职业不仅仅是一个

1998年国庆节甘远志（中）参加海口环城自行车赛。

饭碗，更多的是一份热爱、一份责任。甘元杰说："每个星期他都要给我们打一次电话。有的时候，我们觉得没事了，就不想说了，因为我们家的经济条件不是很好，怕他多花电话费，但他就是不愿意，就是想和家人多说两句话。只要有机会回四川，他都会来看我们。"

虽然上有六十多岁的父母，又要照顾下岗在家的妹妹，但是不该拿的钱，他坚决不要。至今廉振孝对甘远志这样的行事作风还记忆犹新："有一个老板要送他一个卡，他当场就把那个卡给退回去了，他说海南日报给他发的工资和奖金，足够他体面地生活了，他说拿了这个钱，钱有了，但是体面就没了。"

记者就是这样，默默地承担起重要的社会责任。他们不仅要恪守记者的职业操守，还要有一颗善良的心。

《海南日报》刊登《尽快修建大广坝二期工程》的文章时，这篇稿件的作者却已离开了他所热爱的记者岗位，离开了这片他热爱的土地。甘远志所发表的稿件数量也永远停留在了1051篇这个数字上。甘远志走了，但他匆匆的身影一直留在人们的心中。

甘远志代表的并不仅仅是一个人,而是一个职业,一个以告诉民众真实信息为己任的职业,这个职业叫记者。每天,全国有七十多万新闻工作者奋战在新闻战线上。在丰富的资讯背后,是他们辛勤的汗水,甚至是宝贵的生命。李大钊说得好,这群人的职业就是:铁肩担道义,妙手著文章。

甘远志塑像。

我当公安局长后，感受更多的是一种强烈的责任感。十几年的公安工作，实现了我人生最高的价值，使我饱尝了广大人民的质朴之情。我认为警察就是我的天职，能为自己所执著追求的事业而献身，值！

——任长霞

那片霞光闪耀时
——任长霞

古老的嵩岳大地是少林功夫的发源地。有一个喜欢武功的小姑娘，从小就憧憬这里，希望自己长大后能做一个武艺高强的好警察。后来，她梦想

成真,而且还走上了领导岗位,她就是任长霞。

一个果敢坚毅的女局长

　　小时候的任长霞就特别喜欢当警察,每次看到警察,人家都走好远了,她还在伸着头看。她梦想着自己长大后能成为一名人民警察,在她心里,警察这个职业是神圣而崇高的。

　　1980年,任长霞考入了河南省警察学校,从此,梦想成真的她再也没有离开过警察这个岗位。2001年4月,任长霞调任河南省登封市公安局局长,而这里正是她从小就喜欢的少林功夫的发源地。

　　2001年4月30日,任长霞的办公室里来了一位不速之客,他就是登封市最大的黑恶势力头目王松。

　　王松来到任长霞的办公室,掏出一沓钱放到桌子上,说:"这回我手下的人又出事了,能不能给被打伤的群众赔一些钱,把他们放出来算了。"

　　6年前,靠挖煤起家、头顶企业家光环的王松承包了白沙水库。在这里,他修建逍遥宫聚众赌博,还以看水库为名雇佣了一批打手,横行乡里,导致周边7名群众被残害致死、100多人受伤。任长霞到任后,白沙湖周边的群众听说新来的公安局长是个女的,不禁都有些失望。

　　村民王中央回忆道:"我第一次见到任局长,发现她是个女的,我对她就不信任。

■　时任河南省登封市公安局局长的任长霞在指导防暴警察训练。

当时我就问她：'我说任局长，我有个大案，你能管不能管？'任局长说：'只要犯法我就管。'我说：'那你就管管王松吧。'"

通过秘密调查，公安部门初步掌握了王松团伙的犯罪事实。2001年4月29日，任长霞决定对王松实施抓捕行动。抓捕会上，她的第一句话就是，谁要是给王松当保护伞，严惩不贷。

这次行动抓获了王松团伙的6名成员，这也是任长霞上任后办理的第一个大案。第二天，漏网的王松却出现在了任长霞的办公室里。面对嚣张的王松，任长霞的表现让登封市的老百姓不再怀疑这位外表柔弱的女局长。

■ 2003年7月，时任河南省登封市公安局局长的任长霞在一次抓捕行动中。

任长霞对王松说："这个事不是花钱就能够解决的问题。不但你手下的人犯罪了，而且你也犯罪了。"

王松黑社会团伙成员被抓获后，当地的群众奔走相告，纷纷到公安局来庆贺。

村民王中央说："当时大家敲锣打鼓，给任局长送了块匾，任局长接匾的时候，老百姓哭着喊'警察万岁'，有的跪在那儿，任局长看老百姓哭了，她也哭了。"

此时的任长霞虽然满眼热泪，但在登封百姓心中，她已成为了一个果敢刚毅的女英雄。

一个温柔贤惠的好妈妈

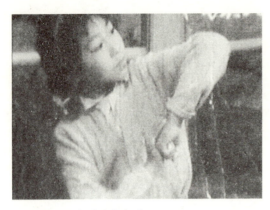

■　任长霞早年留影。

■　童年任长霞（前排右一）。

■　任长霞年轻时的英姿。

任长霞的丈夫魏春晓说："长霞善良、温柔、贤惠，去了登封以后她最大的变化就是性格中少了一些温柔、多了一些刚毅。"

刚毅的背后，依然是一颗充满关爱的心。任长霞刚上任一个月，就在公安局的大门口设立了控审接待室，并规定每周六为局长接待日。在这里，她经常流着眼泪听取群众的诉说。

登封一名群众哭着说："在一次接访中，我说任局长，你看看我的头，这有一个坑，是被人打的。她就伸手在我头上摸了一遍，一点儿也不嫌我脏，这样的局长怎么能让老百姓不感动呢！"

后来，登封市公安局民警辗转千里，终于把这个犯罪嫌疑人抓获归案。

2001年5月，登封市一

座煤矿发生特大瓦斯爆炸，在这次矿难中，刚刚丧母的11岁小姑娘刘春雨又失去了父亲，成了孤儿。

登封市公安局副局长赵彦铮说："这时候长霞听说这个姑娘自从母亲去世后，就和父亲相依为命，当场她就掉泪了。"

任长霞的养女刘春雨说："六一儿童节的时候，她去我们学校看了我，问了我的学习情况和生活情况，跟我说，以后我不再是一个人了，她就是我的妈妈。"

为了让更多的孩子得到救助，2002年1

■ 任长霞（右二）在一户市民家中了解当地治安情况。

■ 任长霞（后排左一）全家福。

月，任长霞又在全局开展了"百名民警救助百名贫困学生"活动，这个活动使126名贫困学生重新回到了课堂，这些孩子都亲切地称她"任妈妈"。可任长霞和在郑州上中学的儿子，更多的时候只能通过电话联系。

任长霞的儿子卯卯说："电话里她会问我：'卯卯，你想我没啊？'我说想了，然后她就会说：'我咋这么想你呢！'她经常会说这样的话。"

　　不幸的是,2004年的4月14日,任长霞在办案途中突遇车祸,以身殉职,刚刚40岁的她就这样告别了亲人,告别了登封的百姓。

　　4月17日是送别长霞的日子,长街上挽幛如云,哭声一片。登封14万群众以最为隆重的方式,送别自己心目中的英雄。

　　这位平凡的女人,用爱和生命实践了自己的铮铮誓言。

■　纪念任长霞图书。

我的人生观其实很简单，就是从零到零，从没有到没有。
谁都得死，但重要的是这个过程是否给社会、给他人、给家庭
留下点什么。如果我留下点什么，创造了一点儿什么，我值。
哪怕是付出再大的代价，甚至粉身碎骨我也愿意。

——史光柱

坚强的小草
——史光柱

　　午后的阳光照进小院，使院子里栽种的辣椒红彤彤的，也使小西红柿
变得有些透明。一个戴着墨镜的男人坐在篱笆旁，好像在回忆着什么……
今天已经没有人会想到，他就是二十多年前在那场战斗中失去了双眼的国

家一级战斗英雄——史光柱。

1984年的那场战争，让这个世界失去一双明亮的眼睛，但使我们身边多了一位英雄。

失去双眼不等于失去生活的勇气

1984年4月28日，中国西南边陲，静谧的山林被密集的枪炮声惊醒，一个名叫史光柱的战士被临时委任为代理排长，带领战友们向一个高地发起最后的总攻。

提起那场战斗，史光柱记忆犹新："在炮火那么猛烈的

■ 史光柱在学习盲文。

情况下，我走在最前面，因为我觉得作为排长，我应该走在前面观察敌情。突然一声爆炸……等我醒过来的时候，发现头部中了一个弹片。我忍着痛扔出了一个手榴弹，还没等我身体着地，手榴弹已经在空中爆炸了，我再次负伤。我彻底忘记伤痛，什么都不考虑，就是想完成任务。当时第一感觉是喘不过气来，憋得很难受，我把嘴巴里的泥土扒出来，喘了口气，这个时候才发现眼睛什么都看不见了。我感觉左眼睛上面吊着个东西，一晃一晃的，当时我估计是树叶子粘在上面。我伸手一摸，往下抓的时候感觉很疼，才知道那是我的眼球。"

史光柱永远记住了这个时刻——1984年4月28日。一个月前的3月18日,史光柱刚满二十岁。黑暗来临之前的那一瞬间,史光柱看见了漫山如血的木棉花。

史光柱后来的一首诗可以概括他当时的心情:

　　刚懂事时

　　我问妈妈

　　村庄有眼睛吗

　　有,是井

　　山崖有眼睛吗

　　有,是长长的裂缝

　　我眨眨眼睛,又问妈妈

　　天,真的有眼睛吗

　　有,它哭着的时候

　　又是大雨,又是雷鸣

在这次战斗中,史光柱带领全排战士收复两个高地。虽然他4次负伤,身体8处重伤,但终于胜利完成战斗任务。而代价是,从此以后,他将再也看不见他的家乡,再也看不见家乡的山崖。

史光柱说:"当我得知我再也看不见东西了的时候,将近有三个小时我一句话都没讲,也没哭。之后就想自己干脆死掉算了,接着就开始放声大哭。"

哭声中,史光柱在哀悼自己永远失去的光明,也在畏惧将来的生活该如何面对。作为一个从农村出来的士兵,史光柱在入伍之前并没有接受过多少教育,贫穷的家庭,年迈的父母,这些该如何去承担?史光柱陷入了深深的绝望。

史光柱说:"我一想到农村那种盲人的生活便不想活了。我开始后悔,

后悔没在战场上战死。我要是在战场上死了，我不就是烈士吗？！我这个时候要在医院里死，那不是给父母亲丢人吗？！丢人也不算什么，没什么意义了。"

《小草》 唱出了生命的勇气

1986年除夕，史光柱以一个战斗英雄的身份走进春晚，一首《小草》让大家重新认识了一个对生命充满希望的诗人——史光柱。

"没有花香，没有树高，我是一棵无人知道的小草……"

史光柱说："第一次知道《小草》这首歌是在上海，我有个朋友看了话剧《芳草心》，他说主题歌《小草》非常好。我说：'真的好吗？那你拿录音机录下给我听听。'后来他把歌录回来，我觉得这首歌特别适合我，它写出了一种小人物的顽强和旺盛的生命力。"

史光柱曾经拒绝吃饭，拒绝治疗，拒绝说话，准备一死了之。然而就在这时，老家传来父亲去世的消息，母亲因承受不了这双重的打击而精神失常。

史光柱说："如果我再死了谁来管她？活着起码还有希望。所以当时

■ 史光柱歌曲演唱会暨七夕红豆情人节晚会在京举行。

我就想我一定要活下来,不但活下来,还得想办法学点生存的技能。因为我毕竟年轻,有了技能以后生活就会好一点儿。当时我的思想来了个180度的大转弯,不死了,活!"

决定活下来的史光柱重新经历了无数的第一次,"我忘不了第一次成功上厕所的那种喜悦,第一次叠被子的那种喜悦,第一次擦地的那种喜悦,第一次终于能够把菜洗干净的那种喜悦,第一次能够把水烧开的那种喜悦。"

经历过生死,成为诗人

也就是在此时,上天开始眷顾起这个命运多舛的男人。他的诗歌开始被陆续刊登在各大

■　1986年,战斗英雄史光柱(右)春节前夕在北京看望残疾姑娘吴京红,鼓励她做生活的强者,为社会作贡献。

■　史光柱和"全国少年接力书信征文"活动获奖的孩子在一起。

■　史光柱的作品。

报纸杂志上。1986年9月,深圳大学决定破格接收史光柱为深圳大学学生,史光柱又站在了生命中一个新的高度上。

史光柱说:"生活不可能时时都顺利,但是对于我们这批人来说,我对我所走过的道路不后悔。每个人都有一个空间,有一个向往,有一个境界。我是在为我所选择的事业而活,为我所选择的道路而活,为我心里那片净土而活,也为那个年代和这个时代而活。既然我活着,就得有一点儿声响。

此后的岁月中,史光柱坚持文学创作,用优秀的作品去鼓舞人,他发表了大量诗歌、散文,出版了《眼睛》《黑色的河流》等6部诗文集,他的作品被俄、法、英等国翻译并广为传播。

"假如我像他们一样永远地倒下去,那么对于这个世界,我就什么也不知道了,什么都不了解了。由于有了这样的想法,自己的心态就平和了。死都过来了,还有什么过不来的。"史光柱说。

有生命便有希望,有希望就有光明。

■ 史光柱从深圳大学毕业回到云南省马龙县家乡看望母亲。

一个人无论是活多长时间，他的死，只要是献给党的壮丽的共产主义事业，那就是无限光荣的，有价值的。雷锋能，我也能。

——刘英俊

瞬间的永恒

——刘英俊

刘英俊是谁？可能已经有很多人不清楚了，但是于春芳却永远忘不了当年那惊心动魄的一幕——

受汽车喇叭惊吓的马在大路上狂奔

1966年3月15日，黑龙江省佳木斯市还是一片冰天雪地，早上7点左右，人们开始了一天的忙碌。

一大早，沈阳军区某部重炮连的战士们像往常一样，套好了炮车外出进行军事训练。

当年和刘英俊一起执行任务的于春芳回忆说："7点半钟，由三班长带队，马车沿着公路从东往西走。当时正是上班的高峰时间，马队影响了交通，所以最后班长就下令把最前面的马卸掉，光让辕马拉着炮车。"

就当马车快要行进到佳木斯纺织厂公交车站的时候，一场意外发生了。

于春芳说："正好前面又来了一辆汽车，汽车喇叭一响，这个辕马就毛了。"

■ 刘英俊纪念邮票合辑。

突如其来的汽车高音喇叭声惊了马,眼看着受到惊吓的马在大路上狂奔。

于春芳说:"前边正好是赶着上学的孩子和上班的工人,人很多。"

就在这危急关头,刘英俊把惊马一把推到了路边的一条小岔道上。

新兵车里躲着一个穿运动服的小伙子

刘英俊,祖籍山东省寿光市古城乡桥子村,1945年生于吉林省长春市,1962年参军入伍,在沈阳军区驻黑龙江省佳木斯市某部重炮连任高炮手。

于春芳说:"有一次团首长在开大会介绍刘英俊时说,他是个独生子,才17岁,部队因为他是独生子不让他来当兵,他自己坚持要当兵报效祖国。这件事当时在我们全团影响是非常大的,我就是在那次会上第一次知道刘英俊的名字。"

说起刘英俊当兵的经历,还有段鲜为人知的故事。

于春芳说:"刘英俊的家庭有着特殊的背景,他有两位叔父为了革命献出了自己的生命,因为他家里有两位烈士,所以从小就受到很好的家庭教育。"

17岁那年,刘英俊在父母的支持下,报名参军,由于当时应征入伍的人太多,再加上刘英俊又是家里的独生子,按规定独生子是不能参军的,所以

■ 刘英俊生前照片。

45

他几次报名都被部队领导婉言拒绝了。

于春芳说:"他跟父母一商量,就想了一个办法。他偷偷跑进车站,躲到车底下,趁人不备的时候,溜到了车厢里头,当时谁也不知道,结果一开车,部队清点人数时才发现怎么在角落里多出一个穿运动服的小伙子。"

牺牲时,刘英俊的手还死死地抓着马的缰绳

1966年3月15日早上7点钟左右,曹文河和其他5名同学走在上学路上,他们怎么也没想到,一场灾难即将来临。

于春芳说:"前面就是汽车站,人很多,惊马离汽车站已经很近了。这时候就得把马推开,刘英俊就拼命地推这匹马,把马推到岔道上去了。"

到了岔道上,受了惊吓的马仍然像疯了一样,拼命往前冲。刘英俊抬头一看,发现道路上一群孩子正有说有笑、蹦蹦跳跳地走着,曹文河就是其中之一。

40多年过去了,当时的情景仍然深深地烙在曹文河的记忆中,"突然间就听见后边有人大喊,小孩快躲开,快躲开! 我往后一瞅,哎呀! 马车直奔我们来了。"

惊马朝着六名儿童狂奔而去。

曹文河说:"我回头一看那匹马像疯了一样直奔我们而来,当时我们都吓坏了,我吓得头发都立起来了,那马离我们越来越近,当时我们几个孩子就连滚带爬往边上跑。"

就在这千钧一发之际,刘英俊死死地拽住了马的缰绳。

于春芳说:"当时周围有很多老百姓,看到那种情形大家就拼命地喊,快撒手,快撒手,危险啊,快撒手。可是就在这时前面冷不丁出现了孩子,那能撒手吗? 刘英俊就那么死死地拽着马的缰绳。"

曹文河说:"就在惊马离我们很近的时候,我看见那匹马突然腾空

而起。"

于春芳说:"说时迟那时快,刘英俊抓住了这个机会,因为腾空时马没有了重心,刘英俊抓着马

■ 刘英俊(右一)童年留影。

的辕子,猛踹马的后腿,这样马整个砸在了刘英俊的身上。"

马终于停下来了,孩子们得救了,可压在马身下的刘英俊此时已不能说话了。

于春芳说:"当时有很多人围了上来,就听见有人喊,快救人啊!"

"围上去的人中,正好有个推小推车的,把刘英俊从……"说到这里于春芳的声音哽咽了,眼睛里充满泪水,头不住地摇。

群众急忙把刘英俊送往附近医院,然而英雄再也没有醒来。这一年,他21岁。

于春芳说:"把刘英俊从马的身下抬出来的时候,刘英俊的手,还死死地抓着马的缰绳……"

老人再也不愿回忆当时的情景。

人民的好儿子

1966年4月10日,中央军委授予刘英俊"人民的好儿子"光荣称号,《人民日报》也刊登了题为《人民的好儿子刘英俊》的通讯,一时间刘英俊的名字家喻户晓。

　　于春芳说："刘英俊活着的时候，像雷锋一样执著；牺牲的时候，像王杰、欧阳海一样辉煌。"

　　在刘英俊生前所在连，我们见到了现任连长苏李强，他说："作为军人，爱人民、服务人民是我们永远的职责所在。我觉得弘扬刘英俊精神，学习刘英俊精神，都应该是对自身想法或者行为的一种净化。"

　　生命与意志，刹那间闪烁出永恒的光芒。英雄的精神永存！

■　群众自发送别刘英俊。

48

飞行计划出来以后，五分钟之内我们就上了飞机。看到老百姓的房子倒塌得那么严重，我们的最大愿望就是多救点儿人。

——邱光华

飞翔的羌鹰
——邱光华

2008年5月12日，四川汶川发生特大地震，救援命令刚下达到部队，邱光华就请命参加救援行动。已经51岁的他还有半年就到了停飞的年龄，组织上让他做地面指挥。他说："我是受党教育三十多年的老党员了，家乡受难，人民受灾，我能坐得住吗？再说了，灾区的地形十分复杂，我飞了33年，我的经验

十分丰富，我要到第一线去。"

救援飞机高空神秘失踪

■ 邱光华在解放军第八航空飞行学校学习时的留影。

2008年5月31日是汶川地震发生后的第二十天，余震仍然不断，地面交通无法恢复，正在汶川执行飞行救援任务的多么秀突然接到战友邱光华的无线电呼叫……

藏族飞行员多么秀回忆道："当时，我问他所处的位置，他说快到汶川了，我问他高度多少，他说两千二。"

邱光华机组在这天中午接到命令，送第三军医大学的防疫专家到理县，这已经是他在汶川地震中第63次飞行这条航线了。

就在和多么秀通话几分钟后，邱光华机组的通信信号突然消失。这令指挥部顿时紧张起来，团长余志荣下令马上对邱光华机组进行搜救，但战友们更愿意相信这是因为山体屏蔽造成的。

成都军区某陆航团助理机械师欧阳武含着泪说："我们相信直升机不会出事，他肯定会回来的！他或许是因为某些原因，将飞机降落在某个地方，默默地等待着我们去援助。"

邱光华有着出色的飞行业绩，作为特级飞行员，他有33年的飞机驾龄、5817个小时的飞行经验，曾8次飞进西藏，7次飞临雪山孤岛墨脱，数十次出色完成进藏边防巡逻、抢险救灾、卫星回收等任务，他不仅是全大队的最年长者,也是经验最丰富、技术超一流的飞行员,战友们称他为"定海神针"。

把"死亡航线"变成"生命通道"

2008年5月12日,四川汶川发生特大地震,救援命令刚下达到部队,邱光华就请命参加救援行动。已经51岁的他还有半年就到了停飞的年龄,组织上让他做地面指挥。

成都军区某陆航团政委张晓峰说起邱光华仍很激动:"当时他一听就急了,找到我和团长,坚决要求参加飞行。他说:'我是受党教育三十多年的老党员了,家乡受难,人民受灾,我能坐得住吗?再说了,灾区的地形十分复杂,我飞了33年,我的经验十分丰富,我要到第一线去。'"

从成都到理县的空中航线被飞行员们称为"死亡航线"。因为这条航线不仅山谷间的距离很近,还有很多被称为"直升机杀手"的高压线,遇到天气不好时,能见度几乎为零。

邱光华在2008年5月18日曾接受过四川电视台的采访,在采访中他说:"震区的气象和地形条件都相当恶劣,飞机是在极限状态下工作,飞行员在操纵上也达到了极限,来不得一丝马虎。"

救援期间,他们转送受灾群众322人,转运救援人员203人,运送救灾物资和设备117.3吨。凭借高超的驾驶技术和机警果敢的判断力,邱光华机组把"死亡航线"变成了"生命通道"。

■ 邱光华(右二)工作照。

冒死飞行只为多救点儿人

邱光华机组的信号消失超过了20个小时，指挥部仍没有他们的消息，成都军区某陆航团实施空中和地面拉网式搜索，人们在焦急和不安中期待着战友们能平安归来。

成都军区某陆航团参谋长杨磊还记得，就在几天前，他还和邱光华一起经历了惊心动魄的一幕：5月26日，邱光华驾机经汶川抢运伤员，预定降落的峡谷有五道跨江的高压线，依次拦在下降的航线上，地面原本的河滩已变成了一片沼泽，找不到一处可供降落的地方。

杨磊回忆道："邱光华驾驶飞机在空中盘旋了30多分钟，悬停下降11次后，直升机终于瞅准机会，穿过高压线网强行降落下去。事后他对前来采访的记者说：'那么多伤员在下面，我们冒死也得下去。'"

直升机能承载的重量有限，为了能多救点人，邱光华只能增加飞行次数，高强度的飞行每天要连续进行十几个小时。

■ 邱光华（后排右一）全家合影。

六过"家门"而不入

邱光华的家乡也在地震的重灾区，八十高龄的父母在地震中下落不明，尽管在执行任务时他曾六次从家乡的上空飞过，却没能落地回家看上一眼。

当记者问他当时心里是否着急时，他说："肯定着急，晚上一直看电视，看看家乡有没有什么消息。"当记者再问他是否想去救自己的家人时，邱光华说："组织上会安排的，当地政府会考虑的，我没有考虑其他的。"

■ 邱光华与回收的卫星合影。

直到地震发生三天后，邱光华才得知父母平安的消息。有一次执行投送帐篷的任务，刚好在他老家附近，他第一次清楚地看见了那里倒塌的房屋，投送完成后他立即返航投入到下一次任务中。回到成都他接到弟弟的电话，说拾到一项直升机投送的帐篷。

怀着对家人的愧疚，邱光华一次又一次出色地完成了自己作为一名军人的使命。

他用生命实践了自己的诺言

2008年5月31日,邱光华护送防疫专家到理县,返航至映秀镇时突遇浓雾和强烈气流,他呼叫了同在这一区域飞行的战友多么秀。

成都军区某陆航团特级飞行员多么秀回忆道:"过了30秒,他又问我一次,速度多少,我说速度160,我问他的速度多少,他说120。"

地面塔台记录了邱光华和多么秀最后的通话,时间是5月31日14点56分。经过11天的搜索,2008年6月10日10时55分,地面搜救部队在汶川映秀镇西北的高山密林中终于找到了直升机的残骸。

战友们在整理邱光华的遗物时,在他贴身的口袋里发现很多小字条,那是邱光华帮受灾群众带给亲人的平安信。在生命的最后一刻,邱光华还牢牢地握着驾驶杆。

这位羌族男儿回归了莽莽青山,他用生命实践了自己的诺言。

邱光华曾说:"为祖国和人民飞翔,是我一生的荣光。"

亲爱的党，如果这次我完成了任务牺牲了，请党批准我加入共产党。

——邱少云

最坚忍的潜伏
——邱少云

中国人民革命军事博物馆展厅中存放着一支普通的钢枪。它的枪托已被烧成了炭黑色，但枪身却依然完整。而一块巴掌大小的军衣残片，曾经紧贴过烈士的胸膛。

跨过鸭绿江

■ 邱少云所写的亲笔信（局部）。

在半个多世纪前的朝鲜战场上，无情的烈火虽然吞噬了一个年轻的生命，却在中国军史上留下了一个伟大的名字：邱少云。这位四川籍战士用最坚忍的潜伏，完成了中国士兵最勇猛的突击。

1950年6月25日，朝鲜战争爆发。1950年10月，中国人民志愿军在"抗美援朝，保家卫国"的口号声中跨过鸭绿江，开赴朝鲜前线。

邱少云所在的15军29师，也从四川简阳奔赴朝鲜战场。

邱少云所在连的文化教员郭安民对邱少云印象非常深刻，他说："这个同志平时虽然不怎么说话，但是能够把自己的工作很顺利地完成。"

重庆市铜梁县邱少云纪念馆里收藏着一封书信。这是识字不多的邱少云在即将开赴朝鲜战场前，在国内写给自己亲人的家书，也是他唯一存世的亲笔信。

邱少云在信中写道："我到了朝鲜，一定要拼命打仗，不怕死。你们在家里要把分的地种好，多交些公粮，支持抗美援朝，我决心杀敌建功。"

潜伏演习的意外

到了朝鲜，杀敌建功的时刻很快就到来了。

1952年10月，为配合朝鲜停战谈判，美军和志愿军展开了上甘岭战役。

志愿军15军29师受命攻占391高地。391高地是上甘岭的一个易守难攻的制高点。

为此，我军决心要把敌人死守的391高地夺回来。这里地形复杂特殊，需要一个特殊的部队去拿下它。上级把这个任务交给了邱少云所在的第29师87团3营。

邱少云上战场前所写的保证书（局部）。

邱少云所在排的排长曾纪有说："我们的任务主要是插到敌人的心脏，那不是一般的战斗。就是说，我们要配合大部队，攻打这个391高地。"

391高地前有一片蒿草丛生的开阔地。为了减少伤亡，指挥部决定，在发起攻击的前一天晚上派出兵力潜伏于此，而后出其不意地发起突然进攻。潜伏，这是一步险棋。

郭安民说："我们这次的潜伏任务，主要就是要在敌人的鼻子下面潜伏一天一夜而不让敌人发现。"

为了确保潜伏计划的顺利实施，接受任务的87团3营提前进行了多次潜伏作战演习。但是，就在最后验收时，平时训练有素的邱少云却在爆破演习中发生了意外。

郭安民说："邱少云动作慢了一点，炸弹就飞出来了，爆破筒碎片全部都炸在他身上了，邱少云没有完成任务。"

演习过后，连长对邱少云说："关键时刻出纰漏，这次潜伏你就不要参加了。"后来卫生员告诉大家一个秘密，原来，邱少云的大腿上长了一个疮，影响了战斗动作的完成。

郭安民说："如果没有这个疮的话，他肯定完成任务了。考虑到这个情况，最后还是让他参加战斗了。"

最坚忍的潜伏

反攻391高地的时刻终于到来了。10月11日下午,87团3营500多名潜伏勇士列队在山坡下,接受师团首长的检阅和战斗动员。

郭安民说:"战斗动员过后,邱少云把自己藏了两个多月的决心书主动拿出来交给指导员,上面写着:亲爱的党,如果这次我完成了任务牺牲了,请党批准我加入共产党。"

11日夜,500多名身披伪装草网的潜伏勇士悄悄向391高地进发。12日天亮前,勇士们在391高地前那数百米蒿草丛生的开阔地里埋伏了下来。

邱少云是第三班,第三班是爆破班,专门搞爆破工作,负责破坏铁丝网以及排除地雷。

■ 邱少云雕像。

邱少云所在的爆破班尖刀组潜伏在开阔地的最前面,距敌人工事仅有60米。透过草缝,可以看到高地上的地堡群以及山脊上持枪巡逻的敌人。

深秋的旷野格外寂静。或许这片开阔地的寂静加剧了敌人的不安和怀疑。下午四时许,敌军的侦察机飞临潜伏区上空,并向潜伏区发射了十几颗燃烧弹。

邱少云潜伏点附近的草丛燃烧了起来!很快,火就烧到了他的身上!

这时,他只要翻一个身,就可

以把大火压灭。但邱少云趴在那里一动也没动。

他知道，只要他一滚动，敌人就会发觉。

火在他的身上越烧越大！邱少云仍然趴在那里一动不动。

他的后面是条水沟，只要他后退几步，在泥水里打个滚，也可以把火弄灭。

可是，为了战友们的安全，为了整个战斗的胜利，他坚定地趴在潜伏的位置上，咬紧牙关，一动不动。

火苗每蹿动一下，邱少云的身体就抽搐一次。烈火在邱少云身上烧了三十多分钟……

邱少云忍受着烈火烧身的剧烈疼痛，始终没发出一声呻吟，只是把自己的双手深深地插进泥土之中，直到牺牲。

为战友报仇

总攻的时刻终于来到了！战友们怀着满腔仇恨，高呼着为邱少云报仇的口号，排山倒海般地向敌人的阵地冲去。不到30分钟，391高地上就飘扬起胜利的旗帜。

硝烟散去，战士们来到邱少云牺牲的地方，看见唯一没有被烧尽的，是那双深深插进泥土中的手。

1953年7月27日，《朝鲜停战协定》在板门店签订，历时三年的朝鲜战争终于结束了。

邱少云牺牲后，朝鲜人民和中国人民志愿军怀着深深的敬意，在391高地的石壁上镌刻下一行大字："为整体胜利而自我牺牲的伟大战士邱少云同志永垂不朽！"

五十多年过去了，在邱少云战友的记忆里，邱少云牺牲的情景仍然是那么惊心动魄、刻骨铭心。

■ 邱少云（绍云）烈士殉难处。

■ 他坚定地趴在潜伏位置咬紧牙关一动不动（描绘邱少云英雄事迹的宣传画）。

那次潜伏在排长曾纪有心里打下了清晰的印记："邱少云是最前面的一个，当时我特别注意观察他。只要他一动就完蛋了，我们就像笼子里面关的鸡一样，往哪里跑呀。"

郭安民说："在燃烧过程当中，周围的一些战友都为他担心，但他始终坚持不动。"

曾纪有说："他确实是一动不动。就看他手有一点动作，往泥巴里面抠，往下面抓。"

郭安民说："烈火烧身不是一般的痛，是钻心的痛。最后他身体实在不能支持了，两只手往泥里插，一直插到再也不能插了，直到牺牲。"

曾任朝鲜战场美军指挥官的克拉克后来在回忆录里写道：中国军队的实力更多地表现在坚韧顽强、不惧牺牲的精神，这对我们来说是"谜一样的东方精神"。

1952年11月6日，志愿军总部决定为邱少云追记特等功；1953年6月1日又追授他"一级战斗英雄"称号。同年6月25日，朝鲜授予邱少云"朝鲜民主主义人民共和国英雄"称号，并颁发一级国旗勋章、金星奖章。

坚韧的精神是一个民族最强大的武装。

你全身都化为了光，你是英勇的献身精神的形象！

——郭沫若

凤凰涅槃

——向秀丽

　　站在向秀丽雕塑前的崔定邦,面色凝重,他对母亲的记忆依然是一片空白。当年母亲因公牺牲时,他还是个不到两岁的孩子,但崔定邦对母亲的思念却从来没有停止过。

一篇课文给了崔定邦答案

崔定邦参加工作之后的一个晚上,他做了一个梦,梦醒之后他大哭起来。隔壁住着的小舅爬起来问他怎么了,他说:"我想我妈了。"

对定邦来说,妈妈一直是个谜。定邦从小就跟外公、外婆一起生活,每次他找妈妈的时候,外婆就告诉他,妈妈去了很远很远的地方上班。直到上了小学,有一天,语文课上学到一篇课文《向秀丽的故事》,定邦这才知道了谜底。

崔定邦回忆说:"在学课文之前,我们的老师就把我介绍给同学,说这就是课文里面英雄人物的儿子。啊! 我当时听了真的很惊讶,这真的是我妈吗? 没见过啊。我妈真的去了那么远的地方,这个多年的困惑终于有答案了。"

她用自己的身体挡住火势的蔓延

■ 小学生在瞻仰向秀丽塑像。

1956年,创立于1938年的广州何济公药厂与广州13家私营药厂、药社合并,成立了何济公联合制药厂。原和平药厂的青年女工向秀丽也被并入何济公药厂,当了一名包装工人。

向秀丽出生于广州一个贫苦家庭,在13个兄弟姐妹中排行第八。她性格内向,工作特别能吃苦,曾多次被评为先进工作者。1958年国庆节后不久,向秀丽光荣地被批准为中国共产党预备党员。这一年,厂里为了培养技术力量,把她抽调到化工车间参加一种新药的试制工作。这份工作比较危险,因为新药的原料之一金属钠具有强烈的爆炸性。

事情就发生在这年年底

1958年12月13日的晚上,向秀丽和工友罗秀明、蔡秋梅在车间上夜班。突然,一只装满无水酒精的玻璃瓶意外地滑落到地上,20千克无水酒精倾泻出来。此时,附近10个制药用的煤炉正在燃烧,而不远处的楼梯底就堆放着约60千克金属钠。

向秀丽一把脱了围裙,立马去擦酒精。

大量无水酒精在煤炉的热辐射下突然燃烧起来。三个女工赶紧扑火。火势随着流淌的酒精迅速蔓延。蔡秋梅发现向秀丽身上着火了,她惊叫一声就要冲过来帮忙,向秀丽却让她赶紧下楼叫人。大火离堆放金属钠的

■ 向秀丽舍身救火（油画）。

地方越来越近,这些金属钠一旦爆炸,足以毁掉整个工厂,更可怕的是,当时的何济公药厂位于人口稠密的下九路,连片的民居、商铺一旦被引发火灾,后果不堪设想。情急之下,向秀丽躺倒在地,用自己的身体挡住酒精和火势的蔓延。向秀丽的行动为救火赢得了时间。大火终于扑灭了,但向秀丽却被严重烧伤。

"烧得很厉害,烧得骨头都见到了,烧得那些骨头都乌黑,手指都弯了。"向秀丽的六姐向秀金回忆说。

广州市第一人民医院宣传科科长向为人说:"她的烧伤非常严重,烧伤的面积达60%多,烧伤的程度大部分是三度烧伤。三度烧伤是最严重的烧伤,皮肤全部烧坏了,深度达到皮下,已经到了脂肪、肌肉这一层了。"

向秀丽在医院昏迷了三天三夜才醒来。

当同事问她痛不痛的时候,她说不是很痛,然后急着问:"何济公有没有爆炸?下九路有没有爆炸?"

一位坚强的女工

向秀丽的事迹震动了羊城,600多名群众赶往医院,自发为她献血、捐皮。中共广州市委召集全市20多位著名中西医专家为她会诊,并组织医疗小组,集中最强大的医护力量,对她进行全力抢救。大面积的严重烧伤使向秀丽处在极大的痛苦和危险

■ 向秀丽在抢救过程中。

中,但这个小个子的普通女工却表现出令人惊讶的镇静和坚强。

医生们说起向秀丽的时候,都说:"这个女工真是很了不起,因为她这么大面积的烧伤,创面需要经常处理,这个过程是很痛苦的,因为要做一些清洗、换药,甚至每天要换很多次床单,每搬动一次都是非常痛苦的,但向秀丽在整个抢救的过程当中,从来没有害怕,没有埋怨,都是安安静静的,非常配合治疗。"

"只有一次,向秀丽睡到半夜的时候,突然惊呼起来:'火啊,很大,烧得很疼!'"当时值班的是余安迪主任,他想象可能是向秀丽在梦中又回到了当时救火的那个现场。说到这里,余主任自己也哭了,他流着眼泪,很长很长时间都说不下去了。

疼痛难忍的时候,向秀丽就请护士打开收音机或者读一读来自各地的慰问信。她常常问医生,自己还有几天能下床走路,还有几天能出院工作。她说,要和伤痛苦战一个月,争取早日回工厂。

烈火中永生

由于大面积烧伤后的感染无法控制,向秀丽的病情开始恶化。

向秀金回忆说:"临到牺牲的那一两天,

■ 没有烧完的向秀丽的衣服。

她只有一只眼流眼泪,看她的样子,我们感觉好像不行了,于是就抱着她的儿子去看她。可惜她都已经说不出话了,连儿子的问题都没有交待。"

小定邦认不出躺在这张特制病床上的人就是自己的妈妈。

1959年1月15日12时43分,年仅26岁的向秀丽光荣牺牲。

准备入棺的时候,小定邦走到床边,拉着妈妈说:"上班,妈,上班,妈妈上班。"

向秀丽舍身救火的事迹迅速传开,在全国引起了很大反响。苏联《真理报》也对向秀丽的事迹进行了报道,雷锋曾在日记中提到自己深受向秀丽的影响。

人们用各种艺术形式歌颂向秀丽。在那个充满激情的年代,向秀丽成为一种精神的象征,激励了一代人的成长。

■ 同向秀丽一道抢救国家财产的罗秀明(前左二)在向秀丽事迹展览会上,向青年们详细讲解向秀丽的英雄事迹。

党分配我工作就是我的志愿。

——麦贤得

英雄无悔
——麦贤得

　　1987年7月，一名中年军人在机场安检时，掏出了身上所有金属的东西，可报警器还是响个不停。原来是残留在这位军人脑部的弹片引起了报警器的鸣叫。人们把他围住向他致敬，军人却一直谦虚地摆手。他，就是麦贤得。

小渔民成了英雄

■ 麦贤得（左）在医院。

1965年8月6日，海军南海舰队一支编队在福建东山岛以东海域，与总吨位比自己大数倍的国民党海军"剑门号"和"章江号"进行了一次恶战，麦贤得所在的611艇不幸中弹。

曾参加这次海战的许睦华这样描述当时的情景："炮弹打进了机舱里面，爆炸的时候，麦贤得的脑袋被弹片打中了，鲜血直流，他昏迷了过去。"

1949年4月，中国人民解放军海军在战争的炮火中成立。但是在解放初期，中国海军的全部舰艇加起来不过几千吨，只相当于当时美国海军一艘驱逐舰的吨位。1953年，毛主席5次视察海军舰艇部队，5次题词都是同样的内容："为了反对帝国主义的侵略，我们一定要建立强大的海军！"1964年，出生在广东饶平小渔村的19岁的麦贤得，成为了一名海军战士。

许睦华知道麦贤得家里的情况，他说："他是穷人家出身的，他来部队的时候就有这样一个思想，要为国尽忠，要报国。"

海浪把麦贤得从昏迷中摇醒

麦贤得传记《沧海英雄》的作者王国梁通过采访得知了当时的情况：
"麦贤得在昏迷中，听到好像有炮声在响，他就记起当时还在打仗，所以就
又爬了起来。"

脑浆外流，双眼被血糊住，但是麦贤得以惊人的毅力坚守战斗岗位三
个多小时。这次海战以全歼国民党"章江号""剑门号"两舰而结束，这就是
全国闻名的"八六"海战。

■ 广州部队总医院工作人员和休养员热烈欢送战斗英雄麦贤得
（中）伤愈出院。

老兵的新生活

汕头海滨，一条安静小巷的尽头，就是麦贤得和妻子李玉枝的家。麦贤
得在语言表达上仍有困难，他更喜欢用手中的笔来表达自己。

李玉枝说老麦练习书法很刻苦，一站就是半天，有时候一个晚上，静静

■ 麦贤得（前右）全家福。

地,没人干扰,他自己就一直站到12点左右。

麦贤得最喜欢写的几个字是"精忠报国",战斗的创伤抹去了他的大部分记忆,但是这四个字却被他牢牢记在心里。

麦贤得说,自己不是英雄,只是一个兵,一个老兵。

保卫海疆,精忠报国,是这位钢铁战士血液中流动的因子。

1966年,麦贤得被国防部授予"战斗英雄"称号,全国掀起了向麦贤得学习的浪潮。

李玉枝说老麦的第二个爱好就是养花。早上如果晚一点起床的话,他一整理外面的花,就整理到下午一点钟,一定就要把这个活儿干完。他就是有这么一股劲儿,一定要把事做好。麦贤得喜爱花草,作为一位从死亡线上挣扎回来的人,他更加热爱生命。医生从麦贤得脑中取出了一块7厘米长的弹片,但是他的大脑却受到了永久性的损害,行为、智力只能达到十四五岁孩子的水平。

家人、故乡、大海……一切记忆都从他的脑海中消失了。但当护士写出

"麦贤得,你是个战士吗?"他颤巍巍地写道:"随时准备消灭来犯的敌人!"

麦贤得常常说:"向雷锋学习,做一颗小小的螺丝钉。什么是小小的螺丝钉呢? 就是全心全意,把自己的生命献给祖国。"

雷锋曾经在诗里问道:"如果你是一线阳光,你是否照亮了一份黑暗? 如果你是一颗小小的螺丝钉,你是否永远坚守在自己的生活岗位上?"麦贤得用青春作出了回答。

英雄身边的英雄

1972年,李玉枝成为了麦贤得的妻子,英雄后半生有了一位温柔忠诚的人生伴侣。

李玉枝说:"一想到他的后遗症我就心疼。几十年来那么苦那么累,我没有什么要求,我就是一心一意,一个信念,给他一个正常人的家庭,照顾

■ 空军英雄慰问麦贤得(中)。

好他。"

如今,麦贤得和李玉枝的两个孩子都已经长大成人,他们也像父亲一样成为水兵,保卫着祖国蓝色的海疆。

当李玉枝轻轻唱起《军港之夜》时,我们仿佛听到大海在诉说着什么是沧海桑田,什么是不变的永恒。

他把自己忘却,历史却把他记住。

以苏宁同志为榜样，献身国防现代化事业。

——江泽民

沿着父辈的足迹
——苏宁

　　2009年重阳节这一天，是冯静轩老人的生日。被横幅、花环簇拥着的大厅里，人们向老人表达着生日的祝福，亲切地称她"苏妈妈"。老人喜欢别人这样称呼她，因为她是苏宁烈士的妈妈。

父亲的眼泪

　　冯静轩老人出身名门，伯父是抗战名将冯治安。老人1949年初就参加了西北野战军，资历颇深。但如今，她更喜欢人们叫她"苏妈妈"，因为她是苏宁烈士的妈妈。

　　苏宁原为沈阳军区某炮兵团参谋长。1991年4月21日，在手榴弹实弹投掷训练中，为保护两位战友的生命，苏宁倒在了血泊中。苏宁牺牲后，一些地方的群众自发地赶来吊唁，在追悼会上，许多人泣不成声。可苏宁的父亲苏醒却从始至终都没有掉一滴眼泪。

　　苏宁的哥哥苏峰回忆起追悼会的情形，依旧悲痛万分，他说："我父亲在追悼会上表现得特别镇定，就是那种老军人的样子。父亲说：'宁宁，你是好样的，爸爸为你骄傲，你是我们全家的光荣！'当时我们在场的人听了，都特别感动。"

　　苏醒原名任克良，1937年入伍，先后参加过抗日战争、解放战争和抗美援朝战争。特殊的经历使他在面对丧子之痛时显得格外镇定从容。然而，在走进苏宁生前所住的小屋时，这位刚强的老军人却再也无法掩饰自己的情感。

　　苏峰说："苏宁牺牲以后，部队把我爸我妈接到部队，然后参观苏宁的那个七平方米的小房间，我妈一看到床上的白包袱皮就趴在那哭：'宁宁啊！宁宁啊！你从军22年，就枕这样的

■ 苏宁父亲（前）与苏宁（右一）兄弟俩。

枕头啊!妈妈想给你做一个枕头啊!'这时候我爸眼圈儿红了,他悄悄地走出了房间,在走廊里,妹妹看见他的袖子在颤抖!"

炮兵英才

苏宁的生活非常俭朴,身边的战友很少有人知道他是干部子弟。人们赞誉他有雷锋的品格,有焦裕禄的精神。

苏宁的妻子武庆华至今都还记得丈夫的军人血脉里那些温情的细节:"过去干部的军装都是四个兜,战士的军装只有俩兜,战士复员回家时都想穿着四个兜的军装回家,那样比较光荣,于是他就把他自己的干部军装送给复员的战士,所以他老是穿旧军装。"

苏宁的遗物里有一条用了多年的腰带,腰带内侧画了很多兵器的图案,使它充满了现代的气息,苏宁最后画上去的是当时最先进的隐形飞机。

1991年1月17日,第一次海湾战争爆发。这场具有代表性的现代化战争牵动着苏宁的心。高科技在军事上的广泛应用推动着战争形态和作战样式不断发生着深刻的变革,苏宁是个现代意识很强的军人,他的目光始终盯着世界军事发展的最前沿,思考着如何打赢未来的高科技战争。

原总参炮兵部部长王育华说:"苏宁同志牺牲以后,我们发了一个唁电,我写了'炮兵英才'几个字,因为我对他的印象太深了!我发现他在学术领域,特别是在炮兵科技这一方面,非常钻研,他是前

■ 苏宁(左)牺牲前和战友们一起在林海雪原中进行适应性训练。

沿阵地上的一个尖兵。"

熟悉苏宁的人都知道,他宿舍里的灯光是团里熄得最晚的。作为基层部队的领导,苏宁的日常工作非常繁忙,他只能用业余时间搞研究。由于部队晚上九点钟断电,苏宁就经常点着蜡烛熬到深夜。就在这跃动的烛光下,苏宁完成了76篇高质量的军事论文,留下了他对军队现代化建设的思索。

进步"缓慢"的优秀干部

苏宁牺牲以后,总部的首长来考察,临走的时候向部队提出了一个使他们尴尬的问题:这么好的人才,这么优秀的干部,怎么进步得这么慢呢?

苏宁在炮兵学院进修后的毕业鉴定上得到的评语是:不可多得的人才。然而,由于当时在校期间不算任职,苏宁进修三年,等于在职务上耽误了三年。回到部队后,他的级别已明显偏低,一些以前的部下甚至成了他的领导。

武庆华说:"我以前有时候对他当兵这么多年了,干得也不错,可职务却上不去这件事情也有些不太理解。"

苏宁的父亲是他所在部队的老领导,岳父也是省军区领导,两位老人完全有能力帮助苏宁在职务晋升上实现跨越。

2004年5月9日,苏宁的母亲冯静轩(左)在哈尔滨烈士陵园观看关于儿子英雄事迹的报道。

武庆华说:"我父母也是当兵的,公公婆婆也是当兵的,他们都对自己要求非常严格。父母经常教育我们，做人要踏踏实实，一步一个脚印，要靠自己努力，靠自己奋斗，不要靠人际关系。"

苏宁是个后门儿兵

从苏宁入伍时的照片上可以看出，那时的他还是个稚嫩的少年。明眼人不难发现：苏宁是个后门儿兵。

苏宁的妈妈冯静轩说："宁宁参军的时候刚满15岁，是我找了他爸爸的老战友，把他送到部队的。"

苏宁的入伍通知书的落款时间是1969年2月27日。

1969年初，中国北部边境的局势异常紧张，战争一触即发。3月2日，也就是苏宁参军后的第三天，一场震惊中外的战斗突然打响了。

提及走后门儿这件事，冯静轩骄傲地说："人家是走后门儿往外调孩子，我是走后门儿往前线送孩子，我觉得这样做

■ 苏宁和 7 岁的儿子。

■ 苏宁牺牲以后，苏宁的儿子在苏宁的台历上写下了"爸爸永生"。

是对的。"

苏宁父母行使的特权是将年幼的儿子送到前线。他们这次破例的安排,也使人民军队有了一个新的楷模。

苏宁的儿子苏任韧说:"从我出生到我父亲去世,虽然说我不经常和父亲在一起,但是父亲在我心目中留下的那个伟岸的形象却永远高大而清晰。父亲牺牲那年我才七岁,开始家里人都瞒着我,不告诉我,怕我伤心,后来我和家人去了父亲的宿舍,在父亲的台历上,我写下了刚刚学会的几个字:爸爸永生!现在我也来到了炮兵团,成为了一名军人,我要继承父亲的遗志!"

在苏家的最新合影里,没有苏宁,也没有苏醒,苏醒老人已于2004年12月病逝。今天,这些老照片愈发显得珍贵,它们记录的不仅是历史,也是一个家庭几代人为国家承担的责任。

苏宁用行动告诉我们:军人不只是一种职业,更是一种献身精神的传承。

我只是 1/21 的千手观音。

——邰丽华

灵魂之舞

——邰丽华

　　嘈杂的大街上,有不时鸣起的车笛声,有行人的欢笑声,也有小鸟的鸣叫,但是这一切都与一个缓缓走来的女孩无关,这个戴着助听器的美丽女孩就是邰丽华。

舞动的声音

邰丽华用手语比画着："很小的时候，只有两岁，我失去了听力。因为当时太小，对于我来说，记忆不深，也没什么痛苦。我感觉就是听不见，我已经习惯在这个无声的世界里生活了。"

有一次，只有一次，在邰丽华和院子里的小朋友一起玩游戏的时候，她开始意识到她跟别的孩子不一样了。直到7岁的时候，一堂律动课，一段枯燥乏味的鼓声的振动传导到邰丽华的身体上，她说这是她听到的世界上最美妙的声音。

邰丽华说："舞蹈是我表达内心世界最美丽的话语。很多人都曾经问我小的时候失去了听力痛苦吗，说老实话，小孩子不知道什么叫痛苦，只有一种失落。那个时候对失落是什么意思，可能也不完全了解，只是知道自己跟别人是不一样的。就好像他能听到而我听不到，就这么一点儿非常简单的不同，没有影响到我的生活，反而还给我增加了一个很大的动力，让我努力地去做事情。"

音乐是舞蹈的灵魂，可邰丽华不知道音乐是什么样子，因为她听不见。

■ 2008年的"两会"上，邰丽华在与其他委员交流。

但是她通过舞蹈看到了舞动的音乐，她找到了表达内心世界美丽的话语。从此，她的世界不再沉寂，她的世界动听起来。

邰丽华说："我是从无声的世界一路走过来的，

■ 法国电影资料馆收藏中国残疾人艺术电影《我的梦》。

我能够去面对我的世界和生活。很多时候我想说的话都是用我的行动表达出来,舞蹈也好,行为也好,用各种方式表达出来。我相信观众会解读,会读懂我们这样的方式。"

■ 中国残疾人艺术团在表演《千手观音》。

美丽的千手观音

邰丽华的舞蹈《千手观音》轰动了世界。

邰丽华说:"我感觉这个舞蹈非我们莫属,因为观音本身是不需言语的,她是用心中的爱普度众生,用慈善感动大家。在

81

我们从小到大的这一路上,得到过很多人的帮助,我们也想通过自己的方式,用我们无声的语言去传递爱,去回馈社会,包括观众看到的,包括我们现在要做的。帮助身边需要帮助的那些人,哪怕是非常微小的事情,我们也要通过自己微薄的力量去传递爱。这种爱的散发也延续着我们已经走过来的这样一段路程。"

邰丽华用生命灌溉心灵,创造灵动的世界 。

■ 邰丽华与外国小朋友在一起。

没有克服不了的困难，没有炸不开的碉堡，没有消灭不了的敌人！

——杨根思

风烟滚滚唱英雄

——杨根思

空荡荡的礼堂里，一个身着戎装、白发苍苍的老兵独自坐着，放映机的灯光在他身后闪烁着，幕布上放着黑白老电影《英雄儿女》，王成的影像出现了，依然是那样高大。

老兵胡德坤有些伤感地对自己说："我们现在都老了。他要是活到现

在，该八十六七岁了，肯定很老很老了，但是我想不出他老的样子，脑子里只是他年轻的形象……"

只要有杨根思在，小高岭一定在

《英雄儿女》是一部萦绕在几代中国人记忆中的电影，在那个崇尚光荣与梦想的岁月里，片中的孤胆英雄王成是每个做过英雄梦的人最深刻的回忆。可是，对那些走出硝烟的老兵来说，永远不能忘记的是王成的原型——杨根思。

1950年11月29日，这是朝鲜东线长津湖战场上最寂静的一刻，一天一夜了，美国王牌第一师——海军陆战第一师发起的第八次进攻依然失败了。中国人民志愿军第20军坚守1071.1高地的一个排也只剩下了4个人，其中包括这次战斗的指挥员——杨根思。

杨根思的战友范执中说："杨根思知道敌人还要继续发起攻击，他就叫通信员吴福把没有了子弹的重机枪撤回主营，并让他告诉营部指挥员，只要有杨根思在，小高岭一定在。"

在杨根思的命令下，战士们撤离了。他独自留在空空的高

■ 《杨根思》是第一届全国话剧观摩演出会上，中国人民解放军前线话剧团演出的一部话剧。它从青年杨根思参加新四军起，直到他在抗美援朝战斗中牺牲为止，歌颂了杨根思烈士的英雄品质。

地上,平静地等待着慢慢逼近的敌人。没有人知道那一刻他是否会回眺南方,望向他再也回不去的故乡。

南征北战中的爆破大王

1922年,杨根思出生在江苏省泰兴县一户穷苦人家,极度贫困的生活让他的父母相继离世,这个十几岁的少年再也不想过任人凌辱的生活了。1944年,他参加了新四军,开始了南征北战的生活。

杨根思的战友胡德坤说:"他作战非常勇敢。我第一次

当年的宣传画。

知道他就是部队南下到天目山,他两颗手榴弹就把敌人的机枪火力点给炸掉了。"

范执中也记得杨根思的勇猛:"杨根思在攻泰安的时候,身上穿了件可以装18颗手榴弹的弹衣,他的任务就是打破天主堂,登上泰安城,他就是靠那18颗手榴弹,为占领天主堂开辟了道路。"

杨根思迷上了炸药,他成了新四军第一批掌握爆破技术的人。一次次,固若金汤的敌军防线在爆炸声中迅速瓦解。战友们都管杨根思叫"爆破大王"。

胡德坤说:"因为他每次遇到危险都最终战胜了危险,所以他自己总结出三句话,没有克服不了的困难,没有炸不开的碉堡,没有消灭不了的敌人!"

这三句话是对人民军队最质朴的写照。1949年,中国人民解放军摧枯拉朽,横扫国民党军,取得了全国性的胜利。

什么是保家卫国

1950年,杨根思被评为"全国战斗英雄",赴北京参加表彰大会。战友们都兴奋地催他快去快回,把在北京的见闻带回来。可是,杨根思没能再回来。

1950年10月,中国人民志愿军赴朝作战,抗美援朝开始。杨根思从北京直接赶往战场与部队会合。

胡德坤说:"到了那边以后,公路、桥梁、铁路全被炸坏了,朝鲜的人民群众到处逃难,躲避战争,气氛非常不一样。"

朝鲜的惨状刺痛了战士们的心,战争的悲剧不能在中国大地上重演,这场战争我们必须打赢。

杨根思的战友项远说:"我们退一步就是鸭绿江,要到中国去了。什么叫保家卫国? 保家卫国的分量很重很重。"

胡德坤回忆起那段征途时说:"我们走了大概十多天,就到达了长津湖。"

11月的朝鲜长津湖,气温已经降至零下三十多摄氏度,杨根思所在的志愿军第20军受命围歼被困多日的美军东线部队,对这些来自南方的军人而言,这个任务是非常艰难的。

胡德坤说:"脚上穿的鞋子都是上海发的回力球鞋,冻了以后,鞋子像铁做的一样。"

项远伤感地想起那些战友:"有的人端着枪冻死了,撤退的时候,很多人都没有回来,因为他们站在那儿不能动了。"

一个人的战斗

严寒加速了战斗的进程,美军急于突围,派出精锐部队海军陆战第一师夺取咽喉要塞1071.1高地,志愿军粮弹短缺,冻伤减员严重,增援部队一时难以到来。

胡德坤说:"兄弟部队也是因为气温骤降,还要翻山越岭,只能走大道不能走小路,到达时间也延误了,最后没有等兄弟部队到,我们就发起围歼了。"

11月28日,杨根思奉命带领一个排守住高地,阻断敌人的退路。美军的进攻持续了一天一夜。天亮后,山上只剩下了杨根思一个人。这个"爆破大王"镇静地搜寻着阵地上所有的炸药,算了算,大概有十斤。

短暂的宁静被打破了,美军士兵第九次踏上了这个山头。

胡德坤说:"最后一刻就他一个人,他知道凭一个人是无法守住阵地的,他只有最后一搏,所以等敌人靠近以后,他突然跃起拉响了炸药包……"

■ 描绘志愿军特级英雄杨根思和敌人搏斗情景的油画。

有一种记忆让人泪流满面

59年后,有位记者走进了一位老兵的家,杨根思所在营的教导员王经庚老人出现在镜头前。因为疾病,老人说话已非常困难,可他还是用颤抖的声音艰难地吐出这样两个字:"英雄!"

老人给我们写下了这样一段话:"他抱起炸药包与敌人同归于尽,牺牲后,我和营里几个人去小高地寻找他的遗物均未找到。杨根思,永垂不朽!"

杨根思28岁的年轻身躯与朝鲜大地融为一体。两年零八个月后,在这片土地上签订了《朝鲜停战协定》,为独立自由而战的人们胜利了,杨根思成为抗美援朝战争中仅有的两位特级战斗英雄之一。

人们都记得在电影《英雄儿女》中有这样一个细节:以杨根思为原型的王成牺牲后,妹妹王芳为他写了一首《英雄赞歌》。孤儿杨根思没有亲人,可是在他再也回不去的祖国,一代又一代的人们永远为他歌唱!

"风烟滚滚唱英雄,四面青山侧耳听,青天响雷敲金鼓……"

电影结束了,老兵胡德坤慢慢站起身,举起手向银幕行军礼。他对逝去的战友说道:"我们全中国人民解放了,现在,我们的生活更加幸福了,我们的共和国更加强大了,你的奋斗目标实现了!"

这片平安祥和的大地,永远铭记烽烟中的英雄。

■ 杨根思获得的奖章。

一个人要奋斗，内在的力量才是永恒的，总是依靠别人或劲是不会长久的。

——张海迪

心灵永远歌唱

——张海迪

2008年，在德国莱茵河畔，张海迪双臂撑在轮椅上，站立着拍了一张照片，这是张海迪成年后唯一站立着的照片，站起来是她一生的梦想。

得病的孩子

站着的生活，对海迪来说仅仅只有短短的5年。

5岁时，爱唱爱跳的小海迪突然跌倒，经过多家医院检查确诊，她患上了脊髓血管瘤。

以后的4年里，小海迪动过3次大手术，先后摘除了6块椎板，幼小的生命虽然保住了，可她却从此高位截瘫。

小海迪的梦想就是像其他孩子一样去上学，但她知道那是无法实现的梦想，于是开始了艰难的自学。

经过几年的努力，她不仅自学完从小学到高中的全部课程，阅读了上千本课外书籍，还自学了大学的英语、日语、德语等课程。

从未进过校门的张海迪，在村办小学义务教孩子们读书写字。

农村缺医少药，张海迪自学了许多医学知识，还学会了针灸。学针灸时，为了体验针感，她在自己身上反复练习扎针。短短几年，她居然成了当

■ 1994年8月31日，参加"远南"运动会的张海迪在北京射击场气枪馆进行赛前训练，准备参加 SH2 级 10 米气手枪比赛。

地的一个年轻的"名医",为乡亲们无偿治病。

由于常年卧床生了褥疮,她晚上就对着镜子,点着小油灯,把自己身上溃烂的肉剪掉。直到现在,海迪最怕听到的还是剪刀的声音。

肉体的痛苦和折磨并没有改变她对美好生活的热爱。

顽强的生命

山东画报社记者李霞回忆道:"第一次去采访张海迪时,我看到她身旁有一架手风琴,感觉挺惊讶。心想在这么偏僻的地方还能看到手风琴,就问手风琴是不是她的,她说是。我又问她会拉吗,她说会。当

■ 1990 年 10 月 27 日,张海迪在参加康复国际亚太区第九届大会期间,结识了来自台湾的残疾人代表刘侠女士(前右)。张海迪把自己翻译的一本儿童作品赠送给刘女士。

时她拿起琴给我拉了一首俄罗斯歌曲。"

小伙子和姑娘们像被磁石吸引住一样,围绕在海迪身边。张海迪的家里充满着欢歌笑语。

新华社山东分社记者宋熙文说:"靠近她,就像靠近一团火。就算你不热,只要是跟她在一块儿,也会热起来。"

玲玲是张海迪的小名,深受感动的宋熙文采写了《瘫痪姑娘玲玲的心像一团火》,这篇文章刊登在《人民日报》的头版头条。

■ 2008 年，在德国莱茵河畔，张海迪双臂撑在轮椅上，站立着拍了这张照片。

张海迪曾在人民大会堂作事迹报告时说："当一个人把自己的一切献给整个社会的时候，他的人生是最有意义的人生。"

在人民大会堂，她用歌声表达自己的心声：

生活啊生活，

多么可爱，

多么可爱，

像春天的蓓蕾芬芳多彩。

之后国内各大媒体开始陆续宣传张海迪的事迹。1983年3月，共青团中央授予她"优秀共青团员"称号。也是在这一年，张海迪谢绝了组织上安排的职位。成为名人并没有改变她的文学追求，海迪从此开始从事专业文学创作。

专心从事文学创作以后，张海迪翻译了《海边诊所》等数十万字的英文小说，编著了《向天空敞开的窗口》《生命的追问》《轮椅上的梦》《绝顶》

等书,其中多部著作在国外出版,并获得了全国"五个一工程"图书奖。至今,张海迪创作和翻译的作品超过200万字。

1991年,张海迪鼻部患了黑色素癌。手术是在没有使用麻药的情况下实施的,缝了四十多针。手术后不久,化疗期间,她考取了研究生。1993年,她靠自己的努力成为中国第一位坐在轮椅上拿到学位的哲学硕士。

多年来,张海迪一直致力于推动残疾人事业的发展,她对残疾儿童有着特殊的关爱。

她依然美丽

现在,人到中年的张海迪依然美丽。她喜欢香水,衣着讲究,有时会问身边的人:"我还好看吗?"

■ 1991年,张海迪(坐轮椅者)在上海电影制片厂拍摄音乐电视《轮椅上的梦》。

■ 张海迪(前左)艰辛坎坷的生活经历,她对生命价值和人生意义的深刻理解,深深地打动了人们。这是首都的少先队员们请她签字留念。

2008年,张海迪当选中国残联主席,作为残疾人代表出访德国。在莱茵河畔,德国记者问海迪:"如果上帝让你站起来,你将做些什么?"海迪说:"我想像一个普通妈妈那样,站在校门口接我的孩子放学,拍拍他的肩膀说:'孩子,咱们回家吧。'"

张海迪,一个在精神上可以无障碍行走的人,肉体的残疾,永远不能成为她的羁绊,正如她在诗中所写:

我常常,

常常梦见自己张开双臂,

向着地平线上辉煌的太阳飞奔。

我总是,

总是不顾一切地奔跑,

任凭风儿拂起我的头发,

飘起我的衣裙。

张华的救人行为并不是所有人都能做到的，在关键时刻，它是一个人高尚道德情操的一种反应、体现。

——徐礼鲜

生命的追问

——张华

人和人的生命是不分贵贱的。

几十年，两代人，道德的力量，精神的传承，再次震撼了我们的心⋯⋯

至真至善的人性，迸发出灿烂的生命之光。

历史的巧合

2009年10月24日,湖北省荆州市三名大学生,为救落水少年献出了年轻的生命。此事在社会上引起强烈反响。在大学生付出生命抢救无知少年"值与不值"的议论中,人们再次回忆起29年前为抢救落入化粪池的农民老汉而牺牲的大学生——张华。

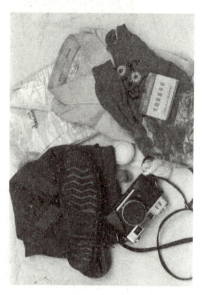
■ 这是张华抢救魏志德老人时扔下的遗物。

当年的目击者赵永茂对当时的情景记忆犹新:"厕所里出事了,大粪溢出来了。于是,看厕所的老汉就下到化粪池里疏通,结果这一捅,沼气冒出来了,很快就把老汉熏倒在里边了。于是就听到有人喊,'救人啊! 救人啊! '听到众人的呼喊,张华毫不犹豫地冲了上去。"

第四军医大学口腔医院教授、主任医生徐礼鲜回忆起当年的情况说道:"可能是沼气引起缺氧,就在张华奋力救人的时候,一下子,两个人都同时掉了下去。"

1982年7月11日,中国人民解放军第四军医大学学员张华,在抢救落入化粪池的69岁农民魏志德时牺牲,年仅24岁。

值得? 不值得?

张华的牺牲,在社会上引起巨大反响,张华被追记一等功,并被授予烈士称号。张华舍身救人的精神在深深地感动人们并被社会颂扬的同时,一个巨大的疑问也随之在社会上出现。

上世纪80年代初,中国的改革开放刚刚起步,"振兴中华、建设四化"成为时代强音的同时,西方的各种思潮也蜂拥而入,固有的价值观念受到了冲击,处于转型期的社会生活呈现出广阔而复杂的特性,个人命运、个人价值得到空前的关注。一个风华正茂的大学生,为救一个年近七旬的农民而献出了生命到底"值不值得"? 这一问题引发了社会上的热烈讨论。

第四军医大学唐都医院门诊部主任、副教授李陕西提出了问题:"大家都在议论的一个话题,就是一个大学生救一个农民值不值?"

徐礼鲜说:"当时的主流媒体,大多数还是认为张华的这种救人的精神,是共产主义的一种献身精神,它以人民的利益、人民的生命高于一切的这种精神,为一代又一代年轻人树立了一个非常高尚的社会丰碑。"

李陕西提出了新的疑问:"就包括我们,当时也有一种想法,你为了救一个农民而牺牲了自己,你到底给大家留下了什么?"

十几年后,一部美国影片《拯救大兵瑞恩》在中国公映。剧中也是为救一个人,牺牲了许多人的生命。观众在震撼之余,也在思考一个相类似的问题。

李陕西说:"人性都是相通的,对生命的追求、对道德的追求,大家的标准是一样的。"

道德的行为是不考虑值与不值的,它只是人发自内心的一种精神追求,折射出的是人性的光辉和精神的伟岸,体现出的是个体生命对人类社会文明进步的巨人推动。

第四军医大学西京医院教授、博士生导师邱建华感慨道:"对张华救人这件事,不能仅仅理解为是一种冲动,它更是一种人生观的具体体现。"

我的偶像是烈士

在生死面前,英雄的壮举背后,必然有着坚实的思想根基。张华,1958

■ 张华生活照。

年10月10日出生在黑龙江省虎林县（现为虎林市）一个军人家庭,父亲张文良1947年参加中国人民解放军,解放战争的炮火、抗美援朝的硝烟,铸就了这个老军人坚强的性格,也深深地影响着张华的成长。张华的家乡地处乌苏里江畔,当年的珍宝岛事件就发生在那里。许多烈士安葬在七台河烈士陵园。

张华的母亲潘英花不禁想起了小时候的张华。她说:"张华上小学的时候就非常崇拜烈士。为什么呢? 因为当年发生珍宝岛事件时,我们七台河牺牲的烈士最多,烈士陵园就建在我们家附近,不论过年过节,一有时间张华就带小朋友到烈士墓前,给烈士墓献花、祭扫……"

张华的哥哥张辉也回忆说:"我父亲是个军人,我母亲也是个老党员。我父亲是行动多于言教,常常给我们讲他们那个年代,家庭啊、当兵啊、部队生活啊。"

从小崇拜英雄的张华,当年就曾有过乌苏里江救人的壮举。

张华的母亲潘英花讲起当年张华在乌苏里江救人的事情时说:"那年东北开江,跑冰排,人们都站到江沿看开江。突然有个小孩儿掉江里了,张华什么都不顾就跳下去了。等到他把这个孩子救上来以后,他自己已经休克了,是大伙儿把他送到医院抢救的。后来,家长和老师跟我说,他落水是为了救小朋友。"

由于家庭的教育、环境的影响,张华从小就成为一个爱学习、求上进、有理想的少年。而那个时代崇尚英雄主义的社会风尚,更是在张华的内心深处扎下了根。

张华的母亲感叹道:"他爸说他将来转业要培养我儿子去接他的班。"

大学生张华

1977年,张华成为一名解放军空军战士,并光荣地加入了中国共产党。1979年,张华又考上了第四军医大学。

第四军医大学西京医院教授、博士生导师邱建华说:"说句实话,开始张华学习成绩并不是特别好,他当时在我们中队,成绩应该是中等水平。"

第四军医大学唐都医院门诊部主任、副教授李陕西说:"但是在张华同学身上,有一种不服输的劲头儿。他在学习上要比我们用功得多。"

■ 张华在解放军第四军医大学空军医学系学习时为同学洗衣服。

99

　　邱建华说："那会儿大家吃完饭没事做，就去图书馆抢座位。图书馆的门，就是我们挤坏的，其中我记得好像就有张华。"

　　由于张华的勤奋，很快他的学习成绩就赶了上去。学习之余，担任班干部的他，经常组织学员开展文体活动，他的助人为乐精神，更是在同学中树立了良好的、具有亲和力的形象。张华也因品学兼优、助人为乐，多次被评为"三好学生"、劳动模范、优秀共青团干部。

　　徐礼鲜说："张华是比较活跃的一个人，是大众化的、亲和力比较高的一个同学。"

　　李陕西说："同学遇到什么想不开的事情，他处处以一个老大哥的身份来帮助我们。"

　　邱建华激动地说："尽管张华在24岁就把自己的生命献出去了，但他对社会，对当时整个一代大学生，影响是非常大的。"

　　徐礼鲜赞叹道："人和人的生命是不分高低贵贱的，所以说，当时张华救人，我认为，是一种人性的最真、最善的本能反应。"

　　从当年张华为救农民献出生命，到今天三名大学生勇救落水少年而壮烈牺牲，几十年，两代人，道德的力量，精神的传承，再次震撼了我们的心……

　　至真至善的人性，迸发出灿烂的生命之光。

罗盛教烈士的国际主义精神与朝鲜人民永远共存。

——金日成

家乡的水

——罗盛教

2002年的清明节，长沙市的志愿军老战士们组团重访朝鲜战地，为忠骨永埋他乡的战友扫墓。80岁的谭国雄老人来到了罗盛教的纪念碑前，拿出了从家乡带去的那瓶水缓缓地洒在墓前……

中国资江、朝鲜栎沼河之水，在经历了那场战争苦难的50年后，汇流到了一处——因为这里有罗盛教！

带上家乡的水土去看他

2002年清明节前，罗盛教生前战友谭国雄等35名抗美援朝志愿军长沙市老战士即将组团重跨鸭绿江缅怀先烈。听到这个消息后，罗盛教的弟媳、湖南新化县第十四中学的陈纯老师，从新化县赶到长沙。临行之前，她特地在离县城一百多里的圳上镇桐子村的一口水井里打了一瓶水，又在田里抓了一把土。

陈纯来到长沙，对谭国雄老人说："你就告诉盛教哥哥，这个水呢，是他小时候打的井里面的水；这个土呢，是他原来在家乡开的那个田里的土。"

尽管战争的硝烟已经散去半个多世纪，但长眠于异国的战友，无不时时牵动着谭国雄老人的情怀。

■ 罗盛教生前照片。

谭国雄老人回忆说："罗盛教看上去瘦瘦小小的，性格非常内向。报名参军时，部队对他的初审并不是那么满意，但是罗盛教要参军的态度非常坚决。部队首长最终被他的决心所打动，同意了他的参军请求。"

1931年7月，罗盛教出生在湖南省中部新化县资江边上的一个贫苦农民家庭。家境贫寒的罗盛教从小就十分懂事，经常帮助家里挑水、做饭，用上山砍柴卖回来的钱买来盐补充家用。为了方便家里用水，他还和爸爸一起在家门口打了一口水井。

在外地做小买卖的三叔，供罗盛教念完了省立第九师范附属小学。刻苦勤奋的罗盛教以全校前三名的成绩，考入湖南省立第九师范学校。

1949年，罗盛教的家乡解放了。这年11月，他参

■ 当年的宣传画。

加了中国人民解放军，成为湘西军政干部学校的一名学员。在一次建校劳动中，需要将倒在河中的一棵树抬到岸上搭桥用。熟悉水性的罗盛教第一个跳进冰冷的河水中。在他的带动下，全班二三十个同学都跳进河里，终于将树拖上了岸，搭起了桥。

继续前进

1950年，朝鲜战争爆发。中国人民志愿军为了保家卫国开赴朝鲜前线。

1951年4月，21岁的罗盛教也参加了中国人民志愿军，并任侦察连文书，奉命随部队赴朝鲜参战。

当时的朝鲜可以说是城市无街道，农村无村庄，到处是硝烟，到处是战火。这是罗盛教有生以来第一次目睹如此悲惨的景象。

谭国雄老人回忆起战友罗盛教，总是有说不完的故事："有一天，敌人的飞机突然出现在空中，围着山狂轰滥炸，当地的一位安老太太的房子可就遭了殃。安老太太大喊'救命'，罗盛教一听到有人喊救命，立刻冲了进去。他不顾自己的安危，背着安老太太冲出火海。安老太太最终得救了。"

这天晚上，罗盛教在日记本上写下了这样一首诗：

当我被侵略者的子弹打中以后，

希望你不要在我的身体面前停留，

应当继续前进，

为千万朝鲜人民和牺牲的同志报仇。

生命谱写的诗篇

这首诗歌表现了罗盛教高尚的革命情操，然而，他还在用自己的生命谱写着另一首更加壮丽的诗篇。

1952年元旦过后的第一天，寒风凛冽，罗盛教所在部队驻扎在朝鲜平安道成川郡石田里，不远处的栎沼河上结了厚厚的一层冰。石田里的志愿

■ 宣传罗盛教的绘画作品。

军驻军和当地朝鲜人民沉浸在新年到来的欢乐中。早操后，罗盛教和另一个战友宋惠云到河边寻找两枚未爆炸的手榴弹，想用来做训练用的教练弹。这时，他听到河滩上有人发出呼救的喊声。原来是一个在河上滑冰的小孩不小心掉进了冰窟窿里。掉到冰窟窿里的小孩名叫崔莹，孩子用手拍打着水面，徒劳地挣扎了几下，渐渐沉入了水中。罗盛教听到喊声，急忙向河边跑去。他一边飞奔，

■　金日成首相（右）与罗盛教烈士的父亲罗迭开（左）亲切握手。

■　罗盛教的家人。

一边脱棉衣，当赶到出事地点时，身上仅剩下一层单衣。冰窟窿里泛着水花，罗盛教猛地跳了下去。几分钟后，依然没有找到小崔莹，罗盛教探出头，吸口气，再次钻进刺骨的冰水中。这样反复了好几次，终于，罗盛教摸到了小崔莹，他使出全身力气把孩子托出水面。

可是冰窟窿的边儿是刚刚结上的薄薄的冰，罗盛教连续两次用手把孩子举起来，孩子又连续两次随着破碎的冰沿儿掉了下去。

　　这时的罗盛教全身冻得发紫，体力已快消耗殆尽，但他却又一次潜入水中，摸到崔莹，双脚蹬着河底的碎石，使出最后一点力气，用头和肩将崔莹顶出水面。

　　这个时候，恰好理发员宋惠云跑了过来，顺手拔了一根临时电线杆伸向小崔莹。

　　崔莹得救了，使尽了全身力气的罗盛教却被冲到远处的冰层下。栎沼河水面上的波纹渐渐消失，罗盛教再也没有出来。

　　罗盛教冰下救崔莹的消息传出后，石田里的群众像失去亲人一样痛哭不已，他们用朝鲜人民最隆重的葬礼安葬了罗盛教。朝鲜政府和人民为了永远纪念罗盛教，将石田里改名为罗盛教村；将栎沼河改名为罗盛教河；将安葬烈士的佛体洞山改名为罗盛教山，山上修建了罗盛教亭和罗盛教纪念碑，碑上刻着金日成将军的亲笔题词：罗盛教烈士的国际主义精神与朝鲜人民永远共存。

跟孟老师在一起，你永远不会紧张，他完全不把自己当成老师。相反，他偶尔会因为担心自己没有顾及到学生的感受，在跟学生说话时紧张。

——孟二冬的学生们

温暖的背影
——孟二冬

2006年春节前夕，孟二冬教授又一次收到了来自远方的礼物。一张DVD光盘上刻着新疆石河子的学生们对孟老师的祝福。但这时，孟二冬已经看不见，也听不见了……在他新疆的学生们心里，孟二冬老师的最后一堂课变成了永远的记忆。

天山脚下的缘分

白色的手术室里弥漫着浓重的消毒水味,刀剪碰撞发出叮叮当当的声响,这是孟二冬人生中的第一次大手术。孟二冬的食道被乒乓球大的肿瘤压迫,只剩下不到5毫米的缝隙,一咳嗽分泌物就会把食道堵死。手术进行得非常艰难,整整用了12个小时。

守护在孟老师身旁的并不仅仅是他的家人,那件普通的包裹来自遥远的新疆,带来了天山脚下138名学生对这位北京教授深深的爱。

孟二冬出生在安徽蚌埠的一个普通家庭里。1978年,他考入宿州师范专科学校。在大学里,他刻苦自励,乐于助人。1991年,他考入北京大学,攻读博士学位,毕业后留在北大中文系任教。

第一堂课

2004年3月,孟二冬教授参加了支援新疆石河子大学的教学工作,西出阳关,来到了新疆。经过新疆生产建设兵团几十年的建设,石河子市变成了年轻的新城。但石河子大学的师资力量仍比较薄弱。

■ 学生们捐给孟二冬老师的钱。

3月的石河子依然春寒料峭,孟二冬来到了祖国的大西北。在第一堂课上,孟老师用竖版的粉笔字,在黑板上写了整整20块板书。

当时坐在台下听课的学生杜淑娟说:

"坐在前排的同学,都会非常自觉地帮孟老师擦黑板。每次擦完黑板,孟老师都会在讲台的一边微微一鞠躬,轻轻地说谢谢。大家都觉得上去擦黑板,是一件无上荣耀的事情。"

丈夫的背影

孟二冬的第一次手术进行得很成功,他恢复得也很快,但他的妻子耿琴还是尽量不让他说话。此时,她只有一个愿望,就是丈夫嗓子里的癌细胞不要转移。她一直在为没能说服丈夫早些从新疆回来而感到后悔。

■ 孟二冬和他的学生在一起。

时至今日,耿琴仍然记得多年前的那一天,那是孟二冬到新疆的第二周,他的嗓子开始喑哑,声音日渐微弱,打给家里的电话也越来越少。耿琴说:"当时他的病已经很

■ 孟二冬(中)和家人在一起。

■ 国务委员陈至立与孟二冬亲切交谈。

严重了,在电话里基本上听不到他的声音,我对他说:'你怎么还讲课? 你赶快回来吧。'"

在新疆石河子大学,病中的孟二冬从未让同学们落下过一节课。正是因为一再拖延,使得孟二冬错过了最佳的治疗时机。手术后的几个星期,孟二冬可以下地活动了。耿琴经常陪着他沿着未名湖散步,她觉得很幸福,因为她终于能够这么近、这么仔细地看看丈夫的脸了。

在北大任教期间,孟二冬教授为撰写《〈登科记考〉补正》等多本著作,用了整整七年时间。七年里,他每天从凌晨到深夜,一直与书籍和电脑为伴。爱人和孩子经常看到的是他的背影。耿琴感叹道:"从结婚一直到最后,他只要在家,我每天看到的几乎都是他的背影,每天下班回家一开门就看见他笔直地坐在那里。无论天气多冷,我都睡觉了,在被窝儿里冷得蜷缩着身体,伸出头看,他还是笔直地坐在那里。"

孟二冬并不是一个冷漠的人。这七年里,他把心思都用在了学术研究上。其实他也和常人一样,爱喝酒、爱打球、爱吃红烧肉。

■　病后孟二冬坚持练习书法。

最后的日子

　　癌细胞还是转移了，孟二冬必须进行开颅手术。手术前，护士收到了孟二冬留下的一张字条：请保住我的嗓子，我还要上课。耿琴心疼地说："从生病到去世，只有两年，他有一半的时间是在医院里度过的，总共做了三次手术。学生们络绎不绝，拿着自己的论文到他床前，像汇报一样，这个时候他是最

■　孟二冬和女儿在一起。

快乐的。"

由于频繁的化疗，孟二冬开始失明、失聪，他对外界的感受越来越少，但家人却从没有停止表达对他的爱。

孟二冬的女儿孟菲说："因为开颅手术很怕感染，我们就不敢离他太近。以前我每次见到他或者要走的时候，都要亲亲他的脸，但是这一次因为不敢离得太近，我只能站在床尾向他告别。为了告诉他我要走了，我在他的脚背上轻轻地亲了一下。"

孟老师永远地走了，但他的学生们还能真切地感受到他对于自己职业的热爱："我喜欢教师这个职业，能为这个职业奋斗终生是我的荣耀，我愿跟我的学生们一起拥抱美丽的春天。"

一年后，孟二冬教过的石河子大学的学生们毕业了，有半数以上的学生选择了教师这一职业。孟二冬的高尚品格，塑造了世界上最珍贵的艺术品。

如果需要为共产主义的理想而牺牲，我们每一个人，都应该也可以做到脸不变色心不跳。

——欧阳海

未能举行的婚礼
——欧阳海

对丈夫的思念，伴随着妻子李春花的下半生："认识三天就结婚了。他长得好，又机灵。"

46年前，她是欧阳海最爱的人，谁知，领完结婚证后，他们的婚礼却一直没能举行。

113

挣扎在死亡线上的童年岁月

丘陵环抱的凤凰村，是欧阳海的家乡，在他牺牲之前，这里原本叫老鸹窝。

他牺牲以后，很多人都到这个地方来参观。

1940年的寒冬，欧阳海出生在一间破旧的屋子里。7岁那年，欧阳海的哥哥被国民党抓了壮丁，家里最好的五分田也被地主拿去抵债。为了养活全家，年幼的欧阳海经常跟着父亲一起上山砍柴，可是，即使是起早贪黑地拼命干活，一家人还是常常挣扎在死亡线上。

在弟弟欧阳湖心中，哥哥就是自己的依靠，"他在生活中非常体贴别人，比如吃饭，他应该多吃一点，因为他是主要劳动力，但他常常省着吃，省给我们这些小弟弟。时不时还关心我们，为了要我们吃饱，他宁愿自己饿肚子。"

带着解放军进山剿匪的小英雄

这样的艰辛持续到1947年冬天，一支穿着黄军装的队伍来到了欧阳海的家乡，跟之前常常来这里的国民党兵不同，这些穿黄军装的士兵不但不骚扰百姓，反而把地主抢走的田地还给了欧阳海一家。后来，欧阳海才知道，这支队伍叫解放军，是一支专门帮助穷人过上幸福生活的队伍。

欧阳湖回忆说："我们那个地方土匪很多，到了1947年，那天来了很多解放军，他们是来剿匪的。"

一直对解放军满怀感激的欧阳海，当听说解放军需要一个熟悉山形地貌的人做向导打土匪时，便自告奋勇为解放军当向导。

欧阳湖说："经过七天七夜的努力，哥哥带领解放军终于把那帮土匪

■ 1966年3月1日，广州部队某部欧阳海生前所在班的战士在阅读长篇小说《欧阳海之歌》。

捉回来了，捉了有大概十多个吧。"

　　带着解放军进山剿匪的欧阳海成了十里八村闻名的小英雄。也是从这一年开始，欧阳海每年都会去报名参军。为了能够早日达到入伍的要求，欧阳海对自己事事严格要求。1956年，县里派了一个互助组来欧阳海的家乡，帮助当地农民生产劳动。在报工分的时候，细心的欧阳海发现自己的叔叔所报的工分与实际并不相符。欧阳湖说："就在那天晚上，给叔叔记工分的时候，哥哥觉得叔叔这样偷工减料，还记那么多工分，作为长辈，这样不自觉，会影响全队，影响所有的人，大家对他不会满意，所以他要求叔叔把工分降下来。"

入伍，入党

　　由于欧阳海的这种一心为公、处处要求上进的表现，1958年的冬天，当征兵工作组再次来到湖南省桂阳县时，年满18岁的欧阳海顺利入伍，如愿

■ 杨胜荣创作的描绘欧阳海舍身拦惊马的中
国画作品。

以偿地成为一名中国人民解放军战士。他非常珍惜这个来之不易的机会。在连队的施工中,他积极肯干,扛木头时别人扛一根,他扛两根;别人一天跑四趟,他跑五六趟;鞋破了,他光着脚干;脚板磨破了,他撕块旧布包着继续干。很快,新兵欧阳海就有了一个绰号——"小老虎"。入伍三个月后,欧阳海加入了共青团,并以出色的劳动第一次立下三等功。1960年,因为表现突出,欧阳海被批准加入中国共产党。

欧阳湖说:"他入伍大概半年多就当上了副班长,入伍一年当上了班长。"

116

舍身拦惊马

1963年11月18日，野营部队即将穿过京广铁路湖南衡山段的一个山谷。欧阳海所在的七班负责收营任务。作为班长，欧阳海走在整个队伍的最后。此时，一列从广州开往武汉的282次列车即将经过这个山谷。当时左边是一座高山，右边是个小山坡，有条小沟，中间是一条铁路，还是个急转弯的地方。

将要经过转弯地带的火车照例鸣笛，不料惊吓到了正在穿越铁路的军马，军马的后面还拖着一门迫击炮架。眼看着火车越来越近，情急之下，欧阳海不顾一切地用自己的身体尽全力把军马撞出了铁轨，他自己却倒在了铁轨上。火车呼啸着碾过欧阳海年轻的身体，渐渐停了下来，铁轨被鲜血染红了……在人生的第23个冬天，欧阳海告别了人世。他以自己的血肉之躯，保护了火车上的500多个生命。

这天，他的妻子李春花正在家里满怀憧憬地等待着他们婚礼的到来，"等肯定是会等着他嘛，不管十年八年，反正我要等他回来。得知他牺牲的消息我心里就很痛，几天都吃不下饭，后来他们部队到耒阳开会，到了耒阳以后，他们就把他埋葬了，我因为心里痛得很，没去看他的遗体。"时隔40多年，李春花对往事仍记忆犹新。

对丈夫的思念，伴随着妻子李春花的下半生："认识三天就结婚了。他长得好，又机灵。"

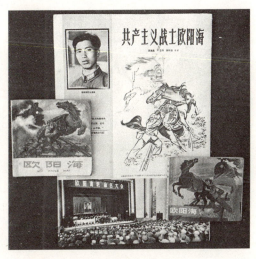

■ 宣传欧阳海事迹的画册、画页。

117

　　46年前,她是欧阳海最爱的人,谁知,领完结婚证后,他们的婚礼却一直没能举行。

　　2004年,湖南省桂阳县人民政府投资建造了欧阳海广场,在欧阳海去世40多年后,他奋不顾身拦惊马的故事依然是留在人们心中最深刻的记忆。

　　欧阳海用自己的生命去换取更多人的生命,这是一种最伟大的牺牲。

坚决完成上级交给的一切任务,争取立功当英雄,争取入党。

——黄继光

第一次冲锋
——黄继光

　　1953年4月,毛主席在中南海的家中接见了一位志愿军战士的母亲,这位母亲的儿子名叫黄继光。黄妈妈说:"毛主席,您老人家好!"毛主席说:"黄妈妈,您好!"黄妈妈说:"多亏您把黄继光教育得好、培养得好!"毛主席说:"是您老人家生得好、养得好!"

上甘岭战役打响

1952年10月19日,黄继光在上甘岭的坑道里准备给母亲写封信。

突然,大炮轰鸣起来,这是志愿军的炮火,上甘岭战役的反攻打响了。

上甘岭战役是为朝鲜战争板门店谈判而打的,交战双方都希望通过这场战斗的胜利增加谈判的砝码。

黄继光迅速收起信纸向参谋长跑去。作为一个通信员,虽然黄继光恨不得马上冲上阵地去杀敌,但他知道自己的任务是传递首长的命令,而不是自己向往的冲锋陷阵。

"孩子啊,你还小,你还不懂打仗"

黄继光,1930年11月20日出生在四川省中江县一个叫发财垭的山村。他排行老三,从小身体瘦弱,个子矮小。

1950年,朝鲜战争全面爆发。第二年3月,四川省中江县征召志愿新兵,黄继光在村里第一个报了名。

黄继光双手抱着妈妈,仰着头问:"你要不要我去?"

黄妈妈是舍不得儿子去参军的,因为黄继光的大哥已经病逝,二哥又是个哑巴,弟弟还小,他现在是家里唯一的顶梁柱。

■ 黄继光生前所用物品。

黄妈妈说:"孩子啊,你还小,你还不懂打仗。"但黄继光还是坚持要参加志愿军。

因为他个头矮,不够高,为了达到参军的目的,在量身高的时候,他就偷偷把脚跷了起来。

120

征兵的营长被黄继光参军的热情所感动,破例将眼前的这位小个子青年录取为志愿军战士。

到了朝鲜战场,本想杀敌立功的黄继光被分配到连里当通信员。不久,黄继光接到了妈妈的来信,妈妈鼓励黄继光要尽早做出成绩。

黄继光在部队样样干得都很出色,

■ 黄继光猛然跃起扑向了敌人的枪眼(描绘黄继光英雄事迹的宣传画)。

很快就加入了青年团,还在后勤岗位上荣立了三等功。

他的第一次,也是最后一次冲锋

1952年10月14日,上甘岭战役爆发。战场上硝烟弥漫,所有志愿军战士都奋勇作战。

白天敌军依靠优势炮火占领了表面阵地,夜间,志愿军冲出坑道又把表面阵地夺回来。战斗进入了胶着状态。

由于黄继光在工作和作战中表现突出,上甘岭战役前夕他被调到营部当通信员。

1952年10月19日夜,志愿军展开了上甘岭战役的大反攻,某部六连担任了反攻主峰的任务。经过几个小时的激烈战斗,英雄的六连连续攻下三

个山头,就剩下零号高地了,这是一个关键时刻,是一个决定胜负的时刻。如果在黎明之前再拿不下零号高地,已经攻下的三个阵地就会完全暴露在敌人的炮火之下。隐蔽在1号坑道里的志愿军就无法向主峰发起攻击,搏斗了一夜的战果就要前功尽弃。战斗进行得异常激烈,六连只剩下了7个人。

为了尽快拿下零号高地,营参谋长带领黄继光来到了六连指挥所。看到这种情况,黄继光和其他两位通信员同时向参谋长请战并得到了批准。他们三个抱着弹药扑向零号高地,这是黄继光入伍以来的第一次冲锋。

一个通信员牺牲了,另一个通信员也负伤了,摧毁火力点的重任落在了黄继光一个人身上。天快亮了,规定的时间马上就要到了,敌人的火力依然很猛烈。黄继光的左臂被打穿了两个洞,他忍着伤痛,向火力点一步一步地爬去。爬到碉堡附近,黄继光奋力投出手雷,敌人的碉堡被炸塌了。

一声号令,部队发起了冲锋。突然,垮塌的碉堡里敌人的机枪又开始疯狂扫射,进攻部队再次被压制住了。这时黄继光手中的弹药已经用完了,但他依然拖着负伤的身体向敌人的碉堡爬过去。

黄继光回头望去。他看到战友们被敌人机枪的火力压制住,很多战友都牺牲了。

黄继光猛然跃起,扑向了敌人的枪眼。

就这样,黄继光瘦小的身躯永远地定格在了1952年10月20日的黎明,这一年,他22岁。黄继光用自己年轻的生命为胜利开辟了前进的道路,他的第一次冲锋,就跃上了人生的壮丽高峰!

他们都在朝鲜战场上失去了自己的儿子……

不久,黄继光的英雄事迹传到了家乡。

部队来人告诉黄妈妈:"你的儿子在战斗中立了大功。"

黄妈妈笑着说:"立功好嘛,这是好事嘛。"

"但是,你的儿子光荣牺牲了。"

听到这句话,黄妈妈一下就坐在了地上,她流着泪喃喃地说:"那我怎么见得到他呢……"

黄继光牺牲半年后,1953年4月,他的母亲邓芳芝光荣地出席了中国妇女第二次代表大会。在北京,她见到了毛主席。

她说:"毛主席,您老人家好!"

毛主席说:"黄妈妈,您好!"

黄妈妈说:"多亏您把黄继光教育得好、培

■ 毛主席在第二届全国人民代表大会二次会议上与黄继光的母亲邓芳芝(中)亲切握手。

■ 黄妈妈教战士们穿针引线。

养得好！"

毛主席说："是您老人家生得好、养得好！"

此时，国家领袖毛泽东紧紧地握住了这位农村母亲的手——他们都在朝鲜战场上失去了自己的儿子……

正是英雄们壮烈的牺牲，才换来了祖国长久的安宁。

■ 黄继光纪念碑。

对待同志要像春天般的温暖，对待工作要像夏天一样火热，对待个人主义要像秋风扫落叶一样，对待敌人要像冬天一样残酷无情。

——雷锋

几代人学习的榜样
——雷锋

他是一位名闻天下的军人，但他的闻名，却不是因为征战沙场。他是一个世界性的符号，是"助人为乐"的象征，是"好人好事"的代名词。他就是雷锋，几代中国人学习的榜样。

"部队就是我的父母，辽阳人民就是我的父母"

■ 雷锋生前担任班长，他带领全班战士全心全意地去完成部队的运输任务。图为他在擦洗汽车。

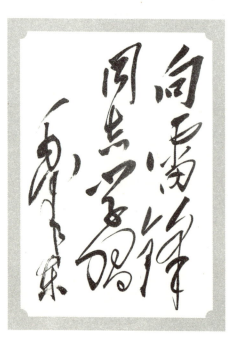

■ 毛泽东题词"向雷锋同志学习"。

79岁的张峻，是雷锋诸多著名照片的拍摄者。至今他仍然记得他给雷锋拍摄的第一张照片。

1960年8月，时任沈阳军区宣传干事的张峻，从基层部队转送上来的两封感谢信中得知，一个叫雷锋的小战士捐了200元钱。

当时，辽宁省抚顺市望花区和平人民公社成立，雷锋送去了200元钱，这个公社留下了100元。随后，他听说辽阳发大水，于是就把和平公社退回来的100元钱全部寄给了辽阳灾区。辽阳是雷锋曾经工作过的地方。

张峻想去核实一下。当他拿着两封感谢信去采访的时候，他惊讶地发现，这个小战士入伍才8个月。

好奇之下，张峻开始走近雷锋。他发现这个慷慨捐款的小战士，平时生活非常节俭。他是部队评出的"节约标兵",除了买学习用品和日用品以外,很少花钱,他把节约下来的钱全都攒在一起,捐给需要帮助的人。

雷锋捐出的200元钱,就是他入伍前的全部积蓄再加上半年的部队津贴。

雷锋说:"像我这样一个旧社会的孤儿,在党和毛主席的英明领导下,居然成长为一个解放军战士。""我也没父母了,部队就是我的父母,辽阳人民就是我的父母。"

雷锋的这些举动,完全是出于对新社会的感恩,对新生活的热爱。

一个苦孩子的成长

1940年,雷锋出生在湖南省望城县一个贫苦农家,原名雷正兴,7岁时便成了孤儿。1949年,雷锋的家乡解放了,他不仅分到了土地,还上了学,戴上了红领巾。1956年,高小毕业后的雷锋相继在老家当村记工员、望城县政府通信员、团山湖农场拖拉机手,后被招工到辽宁的鞍山钢铁厂当工人。1959年底,20岁的雷锋入伍,如愿当上了一名解放军战士。他对新生活充满了感激,入伍后,他把全部热情投入到生活和工作中。

雷锋当上了一名汽车兵,入伍不到半年的时间,他就荣立了三等功。

雷锋生前战友、雷锋传记作者陈广生回忆,雷锋参加抗洪抢险时舍身忘死,跟洪水博斗,带着病,一干就是十多天。

陈广生说:"我当时在工地,亲眼看到雷锋

■ 雷锋的入伍通知书。

在那儿拼命干活。"

没过多久,雷锋又被授予模范共青团员的荣誉称号,还先后被选为军区团代会代表、抚顺市人代会代表。入伍不到一年,雷锋就被批准入党,很快被任命为副班长、班长。

帮助别人是他最大的快乐

■ 2004 年 3 月 4 日,雷锋团的两名战士在参观抚顺雷锋纪念馆。

雷锋生前战友、鞍钢工友乔安山说:"他到哪里就把哪里当成自己的家,把身边所有的人都当做自己的亲人。"

乔安山是和雷锋一起从鞍钢入伍的战友,当年他与雷锋的关系最为密切。乔安山说,由于自己文化水平不高,每次家里来信都是雷锋念给他听。

"1960年发大水,我们家的房子被冲倒了,家里来信说家里困难。其实,这封信雷锋没给我看,他把自己的钱都寄到我家里去了,我也不知道。他只告诉我说,家里来信了,都挺好,我给你家里回信了。"乔安山回忆说。

年轻的雷锋,时时刻刻把帮助别人当做自己最大的快乐。在火车上,雷锋帮乘务员扫地、倒水;在看病途中,雷锋帮工地搬砖;在大雨中,雷锋送怀抱小孩的老大娘回家。这一件件看似再普通不过的小事,雷锋却时时刻刻坚持着。人们眼中的雷锋,是一个快乐的好青年。

■　雷锋和孩子们在一起。

一个很阳光的青年

　　花样年华的雷锋，目光明亮、笑容灿烂。他活泼的个性，让周围的人印象深刻。

　　雷锋辅导过的学生陈雅娟说："雷锋逢人说话先笑，不笑不说话。因为当时雷锋是圆圆的脸，个子不高，当兵那会儿才一米五四，做我们校外辅导员的时候，我们经常在后边偷偷地跟他比比个儿。用现在的话来讲，雷锋是一个很阳光的青年。"

　　在陈广生印象中，雷锋是很讲卫生的，部队战士经常参加劳动，很多战士身上总是脏兮兮的，而雷锋却把衣服洗得干干净净的。

　　热爱生活的雷锋喜欢写日记，他的诗歌、日记，还有那秀丽的斜体字，处处流露出一个年轻人的热情和浪漫。

《雷锋日记》选摘：

如果你是一滴水，你是否滋润了一寸土地？

如果你是一线阳光，你是否照亮了一份黑暗？

如果你是一粒粮食，你是否哺育了有用的生命？

如果你是一颗最小的螺丝钉，你是否永远坚守在你的生活岗位上？

我活着就是为了使别人活得更美好。

人的生命是有限的，为人民服务是无限的，我要把有限的生命投入到无限的为人民服务中去。

雷锋精神永存

令人扼腕的是，对生活充满理想和热爱的雷锋，其青春永远定格在了22岁。

1962年8月15日，雷锋在指挥战友倒车时意外受伤，不幸殉职。第二年3月5日，《人民日报》《解放军报》和其他各大报刊同时刊发了毛泽东的题词："向雷锋同志学习"。

春风几度，岁岁年年，雷锋精神春风般感染着人们，直到今天。如今，每年的3月5日，曾经的"雷锋纪念日"已成为"中国青年志愿者服务日"。

向雷锋学习，把有限的生命投入到无限的为人民服务中去。

老铁，人民的兵，执法的一架天平；老铁，坚强的人，我们的一盏明灯；为了社会的安定，为了司法的公正，你无私奉献，燃烧着生命，你是我们心中的英雄……

——谭彦的同事

燃烧的生命
——谭彦

"人的生命的价值，不是用活多少天来计算的，一个人生命的价值在于你为社会、为人民做了什么，做了多少贡献。"说这话的年轻人叫谭彦。

131

带病工作

1989年3月2日是个再普通不过的日子。这天傍晚，一个小生命呱呱坠地了。孩子的父亲名叫谭彦，是大连经济技术开发区法院的一名法官，此时的他却不能看到这个刚刚来到世间的新生命。

超负荷的工作摧垮了谭彦的身体，此时他已经连续高烧二十多天，昏迷不醒。长时间的高烧，严重烧坏了谭彦的两个肺，他的肺结核已经恶化为"慢性纤维空洞型肺结核"，这是肺结核晚期最严重的一种。

■ 病中的谭彦仍然坚持工作。

谭彦没有把自己的病情告诉妻子。"因为我在月子里，这些情况大家都瞒着我，不告诉我。他究竟烧到多少度，我根本无从知晓。"谭彦的妻子贾丽娜说。

医生李明再三叮嘱谭彦：结核的纤维化病灶已经布满两肺。这时根本就不要考虑工作的事情了，就是一个放松。"希望谭彦停止工作，全面休养，否则他的生命将超不过5年。"

残酷的现实让刚刚苏醒过来的谭彦再次陷入了沉默。人生似乎才刚刚开始，死亡却摆在了面前。连续几天辗转反侧后，谭彦告诉了妻子自己的一个决定："我知道自己不行了，我想，反正在医院也是待着，还不如回来，能干一点儿是一点儿，也比在医院里那么躺着强。"

于是高烧一退，谭彦就又到开发区法院上班了。

在我心目中，他确实救了我一命

一次，谭彦办理一起刑事附带民事赔偿案。因拖欠工资，一位民工与包工头发生争执，包工头纠集一帮人殴打民工，民工夺过棍棒，把包工头打成重伤致残。包工头的妻子起诉，向被告人索赔80万元。

80万，对于被告肖明发来说简直能要了他的命，肖明发说："我想这下子彻底完了，这一辈子彻底出不来了，人家是工头，有钱有势，我一个打工仔，我上哪儿弄80万给他。"

就在肖明发在狱中被关了将近七个月的时候，他的腿突然失去了行走能力。

肖明发回忆说："号里的人问我主审的法官是谁，我回答说好像姓谭。他就说：'是不是谭彦？假如是谭彦这个法官，你可算烧高香了。'"

其实这起案件事实清晰，按照法律裁决，并不困难。但是为了进一步了解情况，谭彦还是不顾医生要他全休的嘱咐，来到90千米以外的双方当事人家里。

谭彦的同事于韶华清楚地记得整个事件的经过："我记得被告家是在一个贫困乡的贫困村，谭彦听村长说他家是一个贫困户，希望量刑轻一些。但是要做到这一点赔偿必须到位，可他家的情况根本履行不了。这个时候的工作重点又转移到了原告身上，需要做原告的工作。"

于韶华说："谭彦对原告讲的话也很实在：'你先不要考虑被告人什么情况，他有赔偿的意思，而且他也凑了一部分钱出来，这样的话，希望你能谅解他。'"

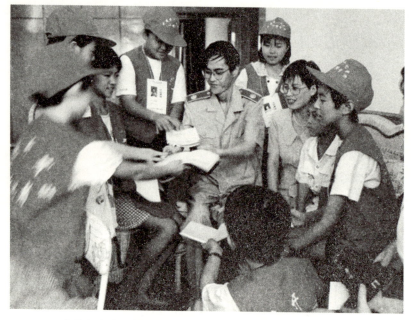

■　小学生们请谭彦签名留念。

　　谭彦拖着病体,几次到原告家中耐心调解,终于,原告一家人被他打动,决定让步。最终法院依法判处被告人有期徒刑三年,缓期三年执行,并一次性赔偿原告一万元。判决后,原告没有上诉,被告人感激不尽。

　　现在的肖明发对谭彦依旧满怀感激,他说:"在我心目中,谭彦确实救了我一命,也救了我们全家。"

　　一个最底层的农民不知怎样用言语表达他的感激,但是从法官谭彦的身上他真切地感到了平等、公正,还有那份他从来不敢奢想的关爱。

　　在和妻子闲聊时,谭彦会说:"你看我们都是最普通的老百姓,曾经也都是农村的孩子啊。"

"老铁"

　　1960年,谭彦出生在辽宁省吉安县一个普通的村庄,从小他就树立了当一名法官的志向。1981年,谭彦以全校第二名的成绩考上了吉林大学法律系。毕业时,他被分配到了刚成立不久的大连经济技术开发区法院。

1991年,谭彦再次被同事们强行送到了医院。可是病情刚一得到控制,谭彦就又从医院跑了出来。

原大连经济技术开发区法院院长经常对谭彦说:"你的病不仅关乎法院工作,更关乎家庭,甚至家庭比单位还重要。单位里也许别人比我们做得更好更棒,但是我们的家庭不能没有我们,离开我们,这个家庭就解体了。"

妻子贾丽娜回忆起喂丈夫吃药的那些日日夜夜,说道:"每天晚上,我们两个人都几乎很少睡觉。这些年,我每天都得给他熬药。一开始,因为他咳嗽,吃完药以后,咳嗽更厉害,把药又给吐出来了。时间长了,他看我太累了,最后就干脆把吐出来的药再重新喝下去,省得我再重新熬药,折腾到下半夜。到了这时候他还想着关心我。"

同事于韶华说:"上四楼,他上两步就得喘口气,平时我们两三分钟就能走上来的楼梯,他得走10分钟、20分钟。"

从1993年至1995年两年的时间里,谭彦因病仅仅请假48天。在病情逐步恶化的情况下,他审理的案件数量连续名列全院第一,而且无一上诉改判。开发区法院的同事们给谭彦取了个绰号——老铁。这其中有两层含义,一是说谭彦有着钢铁般的意志,带病工作;二是说他铁面无私,刚直不阿。

燃烧自己,照亮他人

渐渐地,儿子谭绍博也长大了。

说到儿子,贾丽娜内疚万分,她说:"我们的孩子和别人家的孩子真的

不一样,他都长到七八岁了,我们两个人也从来没有领他出去过,哪怕遛遛弯儿。"在孩子的心中,父亲尽管身体非常虚弱,但是意志却无比坚强。一双永远闪亮的眼睛告诉人们,这是一个把自己的生命置之度外的人,一个在死亡面前无所畏惧的人。

1996年,谭彦第五次被同事强行送到医院。此时,身高1.76米的他,体重不足40千克,严重的肺结核使他的呼吸非常微弱。

2004年11月28日,这颗顽强的心脏停止了跳动。这一年谭绍博已经15岁了,在这个少年的心中永远铭记着父亲常说的那句话:"人的生命的价值,不是用活多少天来计算的,一个人生命的价值在于你为社会、为人民做了什么,做了多少贡献。"

燃烧自己,照亮他人,也照亮自己,这是谭彦一生的写照。

2009 年，大型纪录片《感动中国人物志》在全国各省级电视台热播后，受到各级领导和观众的好评。李长春同志做出重要批示，建议将其作为大中小学思想政治课、语文课、历史课教学的辅助教材，以及基层党支部党员教育教材，通过全国文化信息贡献工程传播到全国各个角落。

为了更好地落实长春同志的指示精神，配合中央关于建立社会主义核心价值体系的要求，让《感动中国人物志》中的英雄模范人物通过别样载体走进万千读者的内心世界，新华社电视节目中心、黑龙江出版集团、黑龙江少年儿童出版社通过精心策划，形成了《感动一个国家的人物》系列丛书选题出版计划。2010 年，该选题获得国家出版基金项目的支持，被新闻出版总署作为对青少年进行社会主义核心价值体系教育的出版范例向全国推荐。

作为思想教育读物，《感动一个国家的人物》在内容编排上力求符合广大读者，特别是青少年朋友的阅读心理习惯。在创作中，我们按照纪实文学的要求，发挥跨媒体写作优势，在尊重历史、尊重事实的基础上，融入多种文学创作手法，并从浩如烟海的历史图片中筛选出有价值的摄影佳作穿插其中，做到图文并茂，从而实现了故事生动感人、形象传神动人的"感动"效应，使本书既有思想价值，更具史料价值和文学艺术价值，为广大读者所喜闻乐见。

本书的编辑出版过程可称为一次"感动"之旅，是一次崇高的精神品味和精神传递。无论作者、编辑，还是审阅书稿的领导、专家，都时时被书中主人公的事迹所感动，这种感动也升华为一种工作精神。

我们的时代需要感动，"感动"是建设精神家园的巨大力量。本书的出版是对社会主义核心价值观形象而真实的诠释，更重要的是她可以引领广大读者，尤其是青少年读者踏着英雄模范人物的足迹去追求，去奋进。

愿感动与社会同行。

新华社电视节目中心

2011 年 3 月